A arte de narrar histórias

ORIGENS, INFLUÊNCIAS E PRÁTICA

Dados Internacionais de Catalogação na Publicação (CIP)
(Simone M. P. Vieira - CRB 8ª/4771)

Gomes, Elaine
    A arte de narrar histórias: origens, influências e prática
/ Elaine Gomes. – São Paulo : Editora Senac São Paulo, 2023.

    Bibliografia
    ISBN 978-85-396-4965-5 (Impresso/2023)
    e-ISBN 978-85-396-4963-1 (ePub/2023)
    e-ISBN 978-85-396-4964-8 (PDF/2023)

    1. Arte de contar histórias 2. Oralidade na literatura
I. Título.

23-2006g   CDD – 808.5
                                                    808.3
                                       BISAC LAN000000
                                             LCO008000
                                             LCO009000

Índices para catálogo sistemático:
1. Literatura: Arte de contar histórias   808.54
2. Literatura: Interpretação oral   808.54
3. Literatura: Técnicas de narrativa   808.3

ELAINE GOMES

A arte de narrar histórias

ORIGENS, INFLUÊNCIAS E PRÁTICA

Editora Senac São Paulo – São Paulo – 2023

ADMINISTRAÇÃO REGIONAL DO SENAC NO ESTADO DE SÃO PAULO
Presidente do Conselho Regional: Abram Szajman
Diretor do Departamento Regional: Luiz Francisco de A. Salgado
Superintendente Universitário e de Desenvolvimento: Luiz Carlos Dourado

EDITORA SENAC SÃO PAULO
Conselho Editorial: Luiz Francisco de A. Salgado
　　　　　　　　　 Luiz Carlos Dourado
　　　　　　　　　 Darcio Sayad Maia
　　　　　　　　　 Lucila Mara Sbrana Sciotti
　　　　　　　　　 Luís Américo Tousi Botelho

Gerente/Publisher: Luís Américo Tousi Botelho
Coordenação Editorial: Ricardo Diana
Prospecção: Dolores Crisci Manzano
Administrativo: Verônica Pirani de Oliveira
Comercial: Aldair Novais Pereira

Edição de Texto: Heloisa Hernandez
Coordenação de Revisão de Texto: Marcelo Nardeli
Revisão de Texto: Kimie Imai e Mariana Jamas
Projeto Gráfico, Capa e Editoração Eletrônica: Antonio Carlos De Angelis
Imagem da Capa: AdobeStock
Coordenação de E-books: Rodolfo Santana
Impressão e Acabamento: Gráfica CS

Proibida a reprodução sem autorização expressa.
Todos os direitos desta edição reservados à

EDITORA SENAC SÃO PAULO
Av. Engenheiro Eusébio Stevaux, 823 - Prédio Editora
Jurubatuba - CEP 04696-000 - São Paulo - SP
Tel. (11) 2187-4450
editora@sp.senac.br
https://www.editorasenacsp.com.br

© Editora Senac São Paulo, 2023

Sumário

Nota do editor, 7

Prefácio – *Silvana Aparecida de Lazari Rosa*, 9

Dedicatória, 11

A narradora, 15

Introdução, 17

PARTE I – ORIGENS E INFLUÊNCIAS DA NARRAÇÃO DE HISTÓRIAS, 23

O papel do narrador na tradição oral, 25

Oralidade e escrita, 31

Leitura e interpretação de textos, 37

A performance e os contadores de histórias, 41

PARTE II – A NARRAÇÃO DE HISTÓRIAS NA PRÁTICA, 57

Cantigas e danças circulares, 59

A história, 65

O público, 75

O ambiente, 79

Adaptações literárias, 85

Conclusão, 101

Bibliografia, 105

Nota do editor

Contar histórias implica escolher um texto e pensar em como apresentá-lo da melhor forma ao público. No exercício dessa atividade há muitos anos, a autora desta publicação nos traz um pouco de sua experiência e contextualiza o tema, apontando as origens da narração de histórias e debatendo a importância do teatro e da performance nesse caminho.

Destaca também o papel do narrador – sua voz, seus gestos e sua dinâmica com os espectadores – para estimular a construção de significados de uma história e a importância de trabalhar os recursos internos e externos para comunicar-se com o público.

Em meio a uma rotina de vida muito acelerada, o Senac São Paulo publica esta obra atento à necessidade de resgatar vínculos e aperfeiçoar as práticas comunicacionais e educativas, além de oferecer uma ferramenta de desenvolvimento profissional para os narradores de histórias.

Prefácio

Era uma vez uma moça de olhar atento, jeito descolado, voz empostada e que tinha nas mãos uma cesta, novelos de lã e agulhas de tricô.

Na primeira vez que vi Elaine em cena, lembro que eu fiquei fascinada com que vi e supunha estar vivendo naquele momento.

A sala de aula, a lousa, as cadeiras e os alunos com olhares centrados em sua figura. Quando iniciou o "Era uma vez...", os materiais sólidos daquele espaço simplesmente se dissolveram no ar. O imaginário tomava conta e novas formas, odores, sabores e personagens surgiam no compasso da narração.

Esse momento me remeteu para a minha infância. As histórias que ouvia, contadas por meus avós de terras distantes, de um período que não vivi, mas que habitavam o meu repertório como se eu presenciasse cada momento; os livros que foram apresentados pelos meus pais, as personagens... lugares tão distantes que a dimensão tempo-espaço não cabia naquele momento.

Como mãe, lembro que um dos momentos mais gostosos na relação com os meus filhos era quando deitávamos no chão e lá, aconchegados, iniciávamos histórias com suas personagens preferidas, misturando-as no grande cesto de tear.

Normalmente, eles eram também personagens e por várias vezes continuavam a história inventada da forma deles. Era como se fadas, reis, rainhas, princesas, príncipes, dragões, duelos, espadas e jogos de todos os tipos saltassem de suas bocas e tomassem forma. O riso, o local, tudo tinha uma cor diferente. O poder da imaginação era verdadeiro e real!

Hoje vejo que eles trazem isso como verdadeiros tesouros. A cada composição que ouço do meu filho, ali está a sua história, contada do seu jeito, com as suas personagens. Ou quando minha filha, ao brincar, resgata fatos ou personagens vividas nessas histórias.

Lembro-me com carinho desses momentos e como foram importantes para a minha construção de mundo.

Essas experiências me fizeram acreditar que a arte de contar histórias não é apenas uma narração, mas sim tudo que desencadeia nas pessoas que estão ouvindo.

Talvez o exemplo mais claro desse impacto seja o belíssimo trabalho efetuado em hospitais, onde médicos comprovam os benefícios para os pacientes.

Se pararmos para pensar, todos nós, sem exceção, sempre estamos contando histórias, pois essa é a forma mais antiga e direta de descrever fatos, introduzir novos conceitos culturais ou até mesmo preservar memória.

Cada vez mais o desafio lançado para que a narração de história ocupasse outros espaços no ambiente profissional é alcançado e comprovado por meio de depoimentos apaixonados e surpreendentes. Como é possível fazer que "Era uma vez..." tenha um sentido mais amplo, de explicar sentimentos, desejos e sonhos?

Recordo-me de uma atividade que realizamos com jornalistas, pessoas acostumadas com o mundo letrado e com as histórias, mas que, ao passar pela experiência, saíram emocionados. Como era possível contar uma história, aparentemente quadrada, sobre instalações, mas de um jeito carregado de emoção?

Ao entender o poder transformador e de comunicação limpa e clara que a narração de histórias tem em sua essência, observamos que era possível usar esse recurso em outros momentos.

Treinamentos, reuniões, despedidas, encontros profissionais ou simplesmente contar histórias. Contadores de histórias que acalmam, divertem, acalentam, que traduzem ou simplesmente nos levam a um:

"Era uma vez..."

SILVANA APARECIDA DE LAZARI ROSA
Psicóloga com especialização em gestão escolar,
atua na área educacional há mais de duas décadas.

Dedicatória

Para a querida Stela de Luz, sempre me conduzindo pelos caminhos mágicos das histórias e da beleza.

À Daniela Mendes, que viabiliza e acredita em todas as ações poéticas educacionais para a formação de narradores de histórias.

À Silvana Aparecida de Lazari Rosa, que gentilmente escreveu o prefácio e é grande facilitadora da arte de narrar histórias pela vida e por meio dos bons trabalhos.

À Irecê Piazentin, que permitiu a continuação dos cursos de narração de histórias, defensora da arte, cultura e educação.

E a todos os alunos, ex-alunos, narradores de histórias, professores, educadores de todos os tempos e espaços, amores, amigos e familiares.

a luz exata
a exata cor
e uma intensidade presa
nas tramas compostas pelas formas
pensamento-movimento
onde tudo se organiza e tece

(Langer, 1980, p. 386)

A narradora

Sempre olhei o mundo do alto de uma montanha, talvez porque eu sempre tenha morado no alto de tantas coisas. Minha residência constantemente estava perto das nuvens. E, deitada na terra e no topo da colina, ficava imaginando o mundo, o meu mundo e as minhas criações. Gostava dos dias de ventos, aqueles que balançavam os galhos e as folhas das árvores, porque eram em dias assim que muitos desenhos surgiam e tudo saía do lugar, parecia a chegada de alguma mudança. E eu sempre estava buscando movimentos, questionando muito: "É verdade?", "E se for?", "Por que estou aqui?", "O que tenho de fazer?", "Qual caminho escolher?". Também era apaixonada pela noite, principalmente pelas noites de lua cheia – sim, porque do alto das montanhas, e mais perto do céu, a lua fica gigante, ilumina e projeta sombras, cria seres parcelares e indecifráveis. Noites de lua.

Nasci no meio de gente falante, muito falante. Gente contadora de histórias, de muitas histórias. Todas as noites, tínhamos histórias em volta da mesa, à luz do fogo, do fogão a lenha. No alto da montanha era constante a falta de energia elétrica, o que era muito bom, porque as histórias surgiam na voz do narrador, meu tio-avô Sebastião. Ele era um dos irmãos da minha avó materna, dona Augusta, que ficou viúva muito cedo e nunca mais se casou. Logo abrigou o irmão que também não se casou e adotou os filhos da irmã, tão cedo órfãos de pai. Sebastião viveu 80 anos e Augusta 95 anos, os dois viram e contaram tantas histórias... Talvez seja por conta dessa infância permeada de histórias no alto da serra, no meio das montanhas, que eu conte histórias. Talvez sejam os mistérios contados pelo meu tio-avô que me façam viver intensamente lendo. Sim, porque desde que aprendi a ler, antes da vida escolar, nunca mais parei. A minha prioridade é a leitura, mas do que adiantaria ler e criar castelos e palácios, reis e rainhas, magos e feiticeiras, se eu não pudesse contar as histórias? Sempre criei histórias e personagens, minhas memórias passeiam por roças de milho verde, transformando as espigas em bonecas-princesas e bruxas. Acredito que esse poder de imaginar é o que move todos nós, portanto, contar histórias é despertar o poder pessoal em cada um. Quando conto histórias, vejo a necessidade do encontro: não tenho a mesa posta ou o fogão a lenha, mas tenho a vontade das pessoas de ouvir a história que sai encantada da minha voz. A poesia do encontro, a roda de histórias, a companhia da personagem, a identificação com as passagens da narrativa. Alguém que por alguns minutos contou a minha história, transformou o lugar, propôs viajar sem sair do lugar. E o melhor, propôs vivências e experiências – que vontade de ler, de ouvir o silêncio dentro de si próprio... Assim, a poesia e todas as percepções despertadas ao ouvir uma história tornam-se a realização do narrador: "Se é verdade para você, assim é".

Introdução

> O exercício de pensar o tempo, de pensar a técnica, de pensar o conhecimento enquanto se conhece, de pensar o quê das coisas, o para quê, o como, e em favor de quê, de quem, o contra quê, o contra quem são exigências fundamentais de uma educação democrática à altura dos desafios do nosso tempo.
>
> (Freire, 2000, p. 102)

"Era uma vez uma mulher que morava no alto de uma colina. Lá ela tinha tudo o que precisava para ser feliz...". Ao escutar essa primeira frase de uma história contada, a plateia pode perceber e imaginar diversos contextos, a partir do seu repertório particular. A história também pode ser lida e, dependendo da leitura desse narrador, a plateia também poderá criar outros contextos, influenciada pela performance dada a essa leitura. Contar uma história é algo muito peculiar, principalmente ao narrador que, de alguma forma, precisa se identificar com a história escolhida: se é verdade para você, assim é. Mas o que se afirma e se reconhece em muitas narrativas é, justamente, a verdade da história, no primeiro momento, a verdade para o próprio narrador. A audiência percebe o sentimento, a emoção e a verdade no espaço da oralidade na voz do contador.

Atualmente, os espaços literários de escuta estão em crescente ascensão. As livrarias estão cheias de leitores, muitos com livros nas mãos e muitos outros ouvindo contadores de histórias. Na linha do tempo e na história da literatura, as belas-letras sempre estiveram presentes, nos jograis medievos, nas poesias declamadas, na palavra máxima do rei, nas grandes peças teatrais ou ainda com os contadores de histórias e, por que não, na boca do povo, que saía contando suas versões, fatos verídicos ou até mesmo aumentando um ponto. Parece uma necessidade humana, entre diversos povos e etnias, ouvir e contar histórias.

A importância da leitura é o grande estandarte defendido por famílias, editoras, bibliotecas, livrarias, mídias eletrônicas, escolas e professores. Mas, afinal, ler o quê? "Literatura para quê? Quais valores a literatura pode criar e transmitir ao mundo atual? Que lugar deve ser o seu no espaço público? Ela é útil para a vida?", questiona Antoine Compagnon (2009, p. 23). Qual a real importância dada para o texto literário na medida em que pode ser classificado em diversos aspectos ou gêneros: entretenimento, poesia, texto crítico, pedagógico, contemporâneo, clássico, português, brasileiro, social? E o que se conta depois de lido? Qual a sua missão no espaço público? Essas são indagações de muitos pesquisadores. Mas contar para quem e em qual lugar também é uma grande pergunta e, para muitos estudiosos, um desafio.

Célia Abicalil Belmiro (1999) provoca a reflexão sobre o trabalho com a linguagem oral, o ouvir e compreender o que ouviu, narrar oralmente ou escrevendo o que leu. Parece simples, mas, em tempos visuais, o ouvir parece algo distante. "E o que dizer da grande procura pelos contadores de histórias nos espaços mais inusitados para a audição?", pergunta-se Belmiro (1999, p. 118). Fora da escola é cada vez maior essa procura, visto pela amplitude de cursos que oferecem "técnicas" de narração de histórias. Os recursos visuais para ouvir uma história e a poesia da modulação de voz do contador de histórias são atrativos procurados por muitas pessoas e por muitos educadores, segundo Cyana Leahy-Dios, que pontua:

> A educação literária tem deixado a desejar, não somente em termos dos conteúdos programáticos, com vácuos, omissões e contradições conceituais:

> práticas pedagógicas também têm sido julgadas inadequadas e pouco satisfatórias pelos envolvidos. Enquanto muitos professores culpam o sistema, o Estado, os legisladores, o cânone, e não raro os alunos, poucos profissionais procuram olhar criticamente sua própria formação, sua competência literário-pedagógica e seu papel político como educadores de gerações de brasileiros.
>
> (Leahy-Dios, 2000, p. 194-195)

Talvez seja essa a razão da desatenção mencionada por Belmiro, a falta de uma educação literária que vá além dos programas e currículos escolares. Mas a grande pergunta é, pensando nos educadores, quanto a literatura está presente na rotina desses professores e, por consequência, dos seus alunos, e quanto a falta dessa prática pode reverberar na vida de tantas pessoas. A falta, a lacuna que não é preenchida nos ambientes familiares e escolares, talvez estimule o interesse por narração de histórias, que pode ser realizada com a presença de um contador de histórias. No próprio ambiente pensado para a hora do conto – geralmente todos em semicírculo, recordando cenas medievais, ou até mesmo dos primórdios da civilização humana –, percebe-se a vontade de olhar nos olhos das outras pessoas, um momento que seja compartilhado com o narrador, com a história e com aquele grupo que ali se formou, apenas para ouvir uma história.

A narrativa promove ao espectador a liberdade, quando a história não é imposta, quando também conta a história de tantas outras pessoas. Há um conto popular muito antigo que aborda esse tema:

Certa vez, um grupo de estudiosos chegou a uma aldeia indígena muito distante, afastada do meio urbano. O grupo levou para a aldeia um aparelho de tevê, as pessoas do grupo se ocuparam em improvisar todas as instalações e a tevê funcionou. Todos da aldeia ficaram muito curiosos, porque tudo o que eles sabiam ou conheciam do mundo era dito pelo ancião da aldeia, o homem mais velho que contava as histórias do mundo. E os estudiosos diziam, orgulhosos do feito: "Agora vocês irão conhecer as mais lindas histórias do mundo".

E, de fato, muitas histórias eles ouviram. Na primeira semana, todos se reuniam em volta da tevê, mas logo na segunda semana alguns já não queriam ficar ali, ouvindo, ouvindo. E, na terceira semana, a tevê continuou lá, mas sozinha, sem ninguém por perto. Quando o grupo de estudiosos retornou à aldeia e viu aquela situação, as pessoas não esperaram e foram logo perguntando: "O que aconteceu, por que vocês não querem mais ouvir as histórias da tevê?" E alguns da aldeia responderam: "É porque esses contadores da tevê não me conhecem, e o contador de histórias da nossa aldeia nos conhece desde quando éramos pequenos: ele conversa comigo e me ouve também!".

(conto tradicional popular, de autoria desconhecida)

A necessidade da presença é inerente ao ser humano, somos criados para a socialização, e não para viver isolados. Mas como encontrar a presença significante? De que maneira "prender" a atenção do meu aluno? "Somente pela arte podemos sair de nós mesmos, saber o que enxerga outra pessoa desse universo que não é igual ao nosso, e cujas paisagens permaneceriam tão ignoradas de nós como as por acaso existentes na lua", diria Proust (2002, p. 683). Partindo desse princípio, a leitura literária não terá como reverberar se o professor não a praticar no seu dia a dia. Como afirmou Proust, somente pela arte existe a permissão para olhar além da imagem, além da leitura, além das coisas prontas. O espectador percebe a presença do narrador quando também é permitido que a sua própria percepção seja aguçada, estimulada e compartilhada com os seus alunos. É nesse contexto que a oralidade pede um espaço literário para os narradores, que muitas vezes não percebem a falta da palavra, da sua própria voz repercutindo no ambiente.

Este cenário pode ser transformado em vários outros, por apenas quinze minutos. E o narrador-criador, cadê? É cada vez mais forte a presença do professor-reprodutor, por exemplo, que precisa e, muitas vezes, acaba refém de um recurso tecnológico, mas com uso ultrapassado em suas aulas. Falta a oralidade, a presença do narrador – aquela que preenche todo o ambiente. A voz do contador que media e que ouve, mas que modula sua voz por meio do seu conhecimento, da sua interlocução pela experiência de vida e de produção.

Assim como os indígenas disseram "não" ao aparelho de tevê, os espectadores também dizem "não" ao distanciamento. Como ouvir e se envolver com aquilo que não os conhece? Onde está o narrador que viaja pelas artes, vai ao cinema, visita exposições de arte, está presente no teatro, brinca no parque e está lendo, escrevendo e contando muitas histórias? Nos tempos atuais, o espaço do narrador é também do professor, desde o Ensino Infantil, mas este muitas vezes enfrenta uma jornada excessiva de trabalho, seguindo currículos escolares que ignoram quaisquer criações, propondo apenas memorizações. Por consequência, as escolas estão repletas de alunos que também memorizam e respondem questionários de interpretação de texto. Além disso, pais, mães e avós, exímios e natos contadores de causos, também perderam essa prática de contar histórias. O tempo, a distância e a correria deixaram o encontro, a roda de histórias e os almoços de domingo quase para o último capítulo.

Mas a procura por tantos cursos e por técnicas para narrar histórias talvez seja o grande sinal de que professor, pais, mães e avós estejam buscando recuperar a sua presença nesse espaço. Caso não consigam, que ao menos possam criar a sua performance a partir da leitura escolhida. Que o narrador reconheça a sua voz, a intensidade de cada palavra dita: orvalho, pedra, saudade, amor, encontro, armadilhas, escolhas. E, igualmente, que perceba que o seu espaço está tramado nas linhas coloridas da tecelã, que tem o poder de desenhar a sua história. Mas ela também tem o grande, talvez o maior poder: o de desmanchar e começar tudo novamente. Afinal, não é a leitura o lugar de aprender e reaprender?

PARTE I

Origens e influências da narração de histórias

1. O papel do narrador na tradição oral

> A porta trancada é uma eterna tentação (...), porque o coração é firme, embora o corpo seja fraco. (...) Seus livros, como suas roupas, devem dar espaço para crescer e, no mínimo, devem estimular o crescimento.
>
> (Tolkien, 2006)

É verdade? Aconteceu mesmo? As histórias oferecem em grau ou modo peculiar diferentes sentimentos: fantasia, superação, escape, consolo – tudo o que as pessoas via de regra precisam. A intensidade das palavras, a força de cada uma delas, o ar e a respiração empregada permitem que o espectador acompanhe e vivencie a história. É preciso estimular a curiosidade, a dúvida e o questionamento ou, como disse Tolkien, a tentação de uma porta trancada, do olho mágico? O que tem lá, o que guarda aquele cômodo naquele quarto, será que é possível? E se for possível?

O narrador da tradição oral sempre irá sugerir as passagens, as cenas de cada história, jamais irá entregá-las prontas. Para exemplificar, lembro-me de um trecho da história "Mãe-d'água", em que o tempo é medido pelas fases da lua. Não se contam os dias e as horas, mas sim as fases dele, como uma sugestão para que cada pessoa possa imaginar como esse tempo irá passar ou já passou.

A tradição oral instiga o narrador a provocar o ouvinte, a estimular o seu potencial de criação, de imaginação. Ainda que o narrador faça uso de outras linguagens artísticas, como movimentos de dança, impostação de voz, gestos, o olhar que olha no olho e o corpo no espaço, ele continua sendo o narrador e sua performance acontece na sua voz, na presença do texto.

> Ninguém pode ensinar uma pessoa a ser uma boa contadora de histórias e, ao mesmo tempo, qualquer pessoa pode aprender a contar bem uma história. Muitos professores, por exemplo, procuram cursos que ensinem a prática de narrar e esperam que lhes sejam respondidas perguntas, como: que técnicas devem ser utilizadas? Que histórias devem ser contadas para crianças de oito anos? Como manter a audiência? Uma história deve ser lida ou contada?
> (Machado, 2004, p. 69)

Ainda vejo durante alguns cursos, em algumas turmas, as pessoas procurando teatralizar, e não contar histórias. Para a narração de histórias não vamos encenar, não seremos a personagem, mas vamos contar a história da personagem. Talvez por termos perdido o hábito de narrar histórias em nossas casas, a escola também desconheça essa alternativa, atribuindo exclusivamente ao teatro a possibilidade de contar histórias. Temos muitos atores que realizam narração de histórias, o que acaba gerando confusão entre narrador e ator. Não faremos um monólogo, não criaremos um cenário ou usaremos figurinos, mas iremos preparar um ambiente para contar a história. A narração e o teatro são linguagens que se misturam, mas que, ao mesmo tempo, são diferentes no seu modo de exposição e de intenção; o teatro é naturalmente hostil à fantasia.

> É raro, no entanto, que perguntem: como posso me preparar, ou seja, o que posso aprender para que eu mesmo encontre respostas para as minhas perguntas? Essas perguntas, e tantas outras desse mesmo tipo, não têm uma resposta única e definitiva. Cada uma delas depende de um conjunto de circunstâncias, sempre particulares, para ser respondida por alguém, dentro de sua determinada experiência de aprender a contar. Antes de querer saber como contar, é preciso compreender que as técnicas resultam de um processo de elaboração da presença, que começa com a pergunta: "Por que contar?".
>
> (Machado, 2004, p. 69)

Já enunciava Benjamin, em 1936, que a arte de narrar estava em vias de extinção. A informação que chega pronta está ali, à disposição, basta um apertar de teclas, tudo pronto, deixando pouco espaço para a imaginação, pesquisa e criação: "São cada vez mais raras as pessoas que sabem narrar devidamente. Quando se pede a um grupo que alguém narre alguma história, o embaraço se generaliza" (Benjamin, 1994, p. 197-198). Mesmo em se tratando muitas vezes de profissionais, pessoas acostumadas com o público, quando surge a possibilidade de contar histórias, aparece aquela timidez sobre o que contar. Há falta de histórias no repertório das pessoas, de ricas histórias.

Nessas ocasiões, na maioria das vezes, narram *Chapeuzinho vermelho*, *Três porquinhos*... e mesmo assim com muita dificuldade, por conta do corpo que está em exposição. Talvez seja cultural, somos frutos de uma educação que sempre repreendeu a exposição, não tivemos em nossa história muitos mestres emancipadores, e sim explicadores, os donos da sabedoria. Atualmente, passamos pelo processo de mediação, em que o educador facilita a pesquisa, aproveitando a experiência de seu aluno. Talvez este se sinta mais seguro em fazer valer a sua pesquisa, a sua opinião, talvez possa ter mais segurança quando toma propriedade do que vai contar, do que irá dizer para a plateia.

A faculdade de intercambiar experiências é o que promove a arte de narrar histórias: quando conto histórias para a melhor idade, sempre digo que não estou contando histórias, e sim trocando histórias. São tantas experiências vividas esperando uma oportunidade para serem compartilhadas que o narrador também surge aí, dessa possibilidade de intercambiar experiências proporcionadas ou estimuladas a partir da narração.

Como já afirmava Benjamin, "a experiência que passa de pessoa a pessoa é a fonte a que recorreram todos os narradores" (1994, p. 198). Quem viaja pelo mundo, pelo seu bairro, pelo estado, cidade ou país tem muito o que contar. Tem aquele também que viaja pelo mundo das letras, dos livros, de tantos escritos. O bom narrador de histórias é também um bom observador.

Há também o narrador imaginado pelo povo, alguém que vem de longe, e quem nunca saiu do seu país e conhece com propriedade suas histórias e tradições – sempre muito bem-vindo.

Em *O narrador*, Benjamin nos fala sobre dois grupos de narradores anônimos que se interpenetram e podem ser representados simbolicamente pela figura do marinheiro comerciante e do camponês: enquanto um se alimentava do conhecimento de mundo, em outras terras, transmitindo e trocando experiências, o outro ficava, ouvia histórias e as perpetuava, contando aos seus os saberes adquiridos em sua vida e daquela narrada pelos viajantes. Uma verdadeira caixa de tesouros, "o narrador é uma pessoa que sabe dar conselhos silenciosos" (1994, p. 198-200).

Na narração, o público "é livre para interpretar a história como quiser, e assim o episódio narrado atinge uma amplitude que não existe quando simplesmente comunicamos uma informação" (Benjamin, 1994, p. 203). A narrativa não se entrega.

Porém, em plena era da informação e da imagem, o que se nota atualmente é que recebemos informações prontas, em grande quantidade, das quais pouco recordamos. Há pouco espaço para o ouvir, para o compartilhamento de vivências e para a assimilação de saberes, impactando diretamente na arte de narrar.

Nesse sentido, cabe ao narrador a difícil tarefa de resgatar essa tradição ancestral e retomar contato com o público.

> O dom de contar histórias é, na verdade, um exercício constante, um aprimoramento contínuo de possibilidades internas de ver o mundo de outras formas.
>
> (Machado, 2015, p. 117)

Um bom narrador deve:

» ter disposição interna para se deixar levar pela respiração da história;

» esvaziar-se de quaisquer preocupações ou julgamentos;

» observar as pessoas, os gêneros, os biótipos, os fatos, os objetos, os fenômenos da natureza;

» perceber a expressão das coisas, ver, conceber com a imaginação, com a intuição do que pode ser;

» estimular a curiosidade, o senso de humor, a capacidade de brincar, de correr o risco, de perguntar, de ter flexibilidade para ver sob diferentes pontos de vista;

- » instigar o contato com as suas próprias imagens internas, suas memórias, estabelecer o poder do silêncio, o exercício da escuta, dos gestos corporais, do olhar, da sua voz;
- » despreender-se do certo e do errado, do previsível, das regras estabelecidas, dos medos, de tudo aquilo que pode aprisionar durante a narração.

2. Oralidade e escrita

Antigamente, a única forma de comunicação, além dos desenhos encontrados há milhares de anos, nas paredes das cavernas, era a oralidade. Sem o domínio da escrita, a transmissão de conhecimentos era dada de boca em boca, daí a expressão oralidade. Por muito tempo, o poder da palavra foi dado aos anciãos, aqueles com experiência adquirida pelos anos vividos.

Na África Central, por exemplo, esse papel era desempenhado pelos griots, contadores de histórias que narravam de aldeia em aldeia os ensinamentos adquiridos na escuta de seus ancestrais ou de seus mestres. Os griots, jali ou jeli, de origem francesa, são contadores de histórias e vivem hoje em muitos lugares da África Ocidental, incluindo Mali, Gâmbia e Senegal. Sua denominação pode ter derivado da transliteração para o francês *guiriot* (Busatto, 2003). Nesse exemplo de oralidade primária, que não recebe influência da escrita, a palavra tem como função a gestão da memória social, da lembrança e das vivências sensoriais dos indivíduos.

Outra característica dessa oralidade é não deixar resíduos táteis: uma sociedade oral se baseia exclusivamente na memória humana, a oralidade primária não dispõe de nenhum tipo de equipamento para armazenar ou recuperar a memória de informações. Comparando com o que podemos classificar de oralidade secundária – quando a palavra falada é complementar à escrita e ao uso de meios eletrônicos –, segundo Lévy (1993), ainda que tenhamos tido uma grande diversidade técnica nas últimas décadas, a oralidade primária continua a existir nas sociedades modernas, visto que as representações e as maneiras de ser ainda são transmitidas oralmente, independentemente da escrita e dos meios de comunicação eletrônicos. Presente em todas as civilizações de todos os tempos, a arte da narrativa é uma das mais antigas práticas do homem.

> Desde o surgimento da linguagem, essencial para a cooperação e a sobrevivência dos primeiros grupos de caçadores e coletores, é provável que já houvesse algum tipo de relato, uma troca de informações ao menos possivelmente fazendo uso não só da palavra, como de outros sons, gestos e mímica.
>
> (Merege, 2010, p.16)

Em muitas culturas, havia pessoas preparadas para passar adiante não só histórias de suas vivências, mas também ensinamentos do dia a dia, cantos sagrados, genealogia de reis e rainhas, a história dos seus heróis, enfim, tudo que pudesse perpetuar a história de um povo. Embora em muitas sociedades fosse praticamente obrigatório esse narrador estar na pessoa de um homem, as mulheres detiveram esse histórico de narradoras de histórias. No Ocidente, as mulheres mais velhas eram encarregadas desse ofício, consideradas como guardiãs dessa memória familiar ou ainda mesmo tribal. Dependendo da sua cultura ou sociedade, eram denominadas sábias, bruxas ou simples alcoviteiras. Mas, de qualquer forma, eram elas as detentoras do saber tradicional popular e continuariam a transmiti-los, ainda que muitas vezes contra os interesses dominantes de cada cultura ou enfrentando a cultura oficial letrada.

Essas "velhas narradoras" são frequentes também nos contos orientais e na literatura europeia da Idade Média. Paul Zumthor nos apresenta outros "detentores" dessa oralidade: os oradores, menestréis e os trovadores, em meados do século XIV, na Península Ibérica, mais propriamente no sudoeste da Europa. Pode-se afirmar que, por todos os povos, as histórias começaram a se disseminar para além de seu continente ou país de origem. Existem, inclusive, algumas teorias para explicar essa difusão.

Segundo Campbell (1998), as histórias teriam sido transmitidas por povos entre fronteiras, do contato estabelecido entre povos com diferentes costumes e, tal como nos dias atuais, com a apropriação de culturas diversas, o que alguns antropólogos irão chamar de aculturação, ou seja, a mistura de culturas.

Muitos contadores, antes de narrar uma história, teriam proposto uma espécie de chamado ao público, sob a forma de música, frase cadenciada ou entoação de voz, que Zumthor irá chamar de "voz ritual", marcando o início da narração.

A voz ritual seria, portanto, pronunciada segundo as formas de linguagem particulares, num tom que pode ser o do canto determinado, num espaço-tempo, que é o dos deuses, a palavra secreta e imperativa que permite ao grupo viver, ocupar o espaço de sua assembleia (Zumthor, 2010). Como se vê, a oralidade e a performance sempre estiveram indiretamente ligadas.

Mesmo a performance não tendo esse nome na Grécia Antiga, por exemplo, podemos dizer que o teatro, que antecede a performance, já estava presente na vida dos gregos e de seus ancestrais (e por que não dizer dos deuses?). Na Grécia Antiga, a palavra oralizada era de suma importância, daí a valorização do ensino da retórica – a arte de falar bem –, considerada como algo divino. Os sofistas da Grécia do século V afirmavam que a retórica era o princípio fundamental para demonstrar a capacidade do orador em desenvolver bons argumentos e conhecimentos. Além do poder da retórica, ainda na Grécia Antiga, a transmissão de um texto pela voz supunha a presença física simultânea daquele que a escutava, o que implicava uma ligação concreta, uma imediatividade, uma troca corporal: olhares e gestos (Zumthor, 2010).

Ao mesmo tempo, na cronologia da história, podemos encontrar infinidades de pesquisas, relatos e teses contextualizando e conceituando toda a trajetória, origem e desenvolvimento da escrita por diferentes culturas, espalhadas pelos continentes, o que pouco a pouco foi substituindo o protagonismo da oralidade. A origem da escrita marca também o início da alfabetização e da leitura. Se, na oralidade, todos os textos estavam na cabeça do orador, com a chegada da escrita, esse mesmo orador ditava as palavras para o escriba, permitindo o registro do texto e posterior leitura.

A primeira forma de escrita que se tem registro foi chamada de cuneiforme (tábuas de argila), tendo origem na Mesopotâmia, por volta de 3000 a.C. No Egito Antigo, os hieróglifos já sinalizavam a chegada da escrita, mas ainda em desenhos estilizados. O Oriente e seus continentes, cada qual foi desenvolvendo sua forma de comunicação por meio da escrita, com os ideogramas asiáticos, por exemplo. A Idade Média foi um período de transição quanto à coexistência da oralidade e da escrita; nessa época, havia a escrita, mas valia o que era dito, pronunciado pela voz e percebido pela audição. A lei nesse período não era o texto escrito, mas a palavra do rei (Zumthor, 2010). Os escritos, entretanto, acabaram crescendo cada vez mais, já não sendo possível, em muitas ocasiões, o rei guardar tanta informação para dizer em meio à praça pública. Da mesma maneira, os romances ditados para os escribas se tornavam muito longos, difíceis de memorizar. Com os escritos e o aprendizado da leitura, nasce a possibilidade de cada pessoa ter o domínio do texto, podendo decidir o que ler, em que lugar e por onde começar. A liberdade começava a se anunciar, visto que não era mais preciso esperar o escriba ditar ou o orador reunir a multidão em praça pública e falar da maneira que lhe convinha ou lhe era ordenado. Era na ausência da leitura para todos que os costumes que ditavam o modo de vida davam ao corpo humano e às suas exigências um lugar convincente para que não fossem geradas resistências, durante tempos incontáveis.

No entanto, a atividade desses homens da pena, orgulhosos de sê-lo, deixa para o ouvido e a voz um papel que pode ser determinante na constituição da escrita. As representações copistas nas miniaturas valorizam quase sempre o ouvido. Em parte, escrever depende ainda da ordem da oralidade, e essa dependência, longe de se atenuar, torna-se manifesta depois de 1200: a cópia direta sem a intermediação de um leitor, às vezes praticada numa época mais antiga, pouco convém a uma produção relativamente acelerada (Zumthor, 1993, p. 102).

Foi com o surgimento das bibliotecas e, tempos depois, da imprensa, que os poetas e os escribas acabaram distanciando-se do público. A valorização do código escrito e a leitura silenciosa deslocaram a concentração para aquilo que ficou registrado, ou seja, para o texto escrito (Gumbrecht, 1998b), ao contrário da oralidade e de seus valores, como já citado anteriormente, em que tudo era concentrado e validado pela palavra do rei. A prática dessa oralidade, entretanto, nunca foi completamente abandonada, e ainda podemos vê-la em nossos dias, em diversas manifestações públicas. Se pensarmos no conjunto oralidade, escrita e memória cultural, podemos perceber que antes da escrita não havia diferença entre os meios artísticos nem o que era denominado popular ou erudito.

3. Leitura e interpretação de textos

Como o espectador pode ter uma leitura singular? Como apreender os conceitos subjacentes à leitura e como encontrar singularidades, características da leitura viva, ressonante e significativa? A descoberta do conto em cada leitura e, ao mesmo tempo, o condicionamento, o conjunto de normas e deveres enfrentados na sociedade – que muitas vezes impedem a singularidade – fazem parte do processo de ler.

A personagem é um conjunto de possibilidades humanas: para compreendê-la melhor, é preciso ser e estar presente naquele momento, instante da leitura, e lembrar-se de que o narrador do conto apenas expressa as características da personagem, sem sê-la! No ato de ler ocorre uma transformação no narrador, e é por meio da literariedade, a arte de construir-se e reconstruir-se o tempo todo a partir das ações promovidas durante a leitura, que surgem questões sociais, emoções, realizações e questionamentos a serem trabalhados.

A flexibilidade quanto à interpretação do texto, fim ou sem fim, previsível ou surpreendente, causa e efeito, a partir ou durante a história lida e sentida: como eu faço analogias – uma coisa está para a outra? Quais são as relações que podemos estabelecer para a continuidade associativa – por exemplo: mesa, cadeiras, flores, toalha, livros, comer...? Como atribuímos significado a partir de memórias, vivências, experiências e imaginação, nesse processo de criação por meio da leitura?

Pontos reflexivos:

- » o conhecimento prévio de culturas tradicionais e simbologia são essenciais para compreender o mundo encantado;
- » pensar na significação, na posição e na função das personagens;
- » estudar a relação entre reis e princesas: quando eu passeio pela história, surgem possibilidades dentro de mim;

- » refletir sobre quais movimentos o narrador pode percorrer, considerando a singularidade do conto;
- » analisar como pode se dar a transformação do narrador para a conquista da singularidade;
- » o papel vital da arte é manter o fogo aceso, a flexibilidade da leitura viva.

A narração de histórias é importante para:

- » valorizar a ação da leitura, a partir do livro como objeto e veículo de aprendizagem para o público e para o narrador;
- » apresentar a melodia e a construção das frases do texto popular, do texto do autor e focalizar a ideia da literatura, a fim de identificar quais são os conceitos culturais existentes em cada texto lido;
- » além da leitura de palavras, propor a leitura de imagens, mostrando as figuras que ilustram o texto ou até mesmo o livro-imagem sem as palavras, criando a história ou participando dela;
- » vivenciar a relação com a audiência, por meio do contato visual, dos gestos corporais e das emoções que brotam no instante da performance, ao contar uma história.

No ato de leitura, experimente:

- » contar sem o livro, mas sempre deixando-o por perto, para que o público saiba de que lugar as histórias estão chegando – afinal de contas, a nossa principal intenção é incentivar a leitura;
- » improvisar sem texto decorado, deixando que as palavras se encadeiem ao sabor do momento, mediadas pela narrativa na voz do contador.

Ler não é melhor do que contar oralmente, mas também não é melhor que ler, ambas as ações requerem a presença do narrador. Ler ou contar podem ser igualmente monótonas, se não há o efeito significativo para os ouvintes. Se a pessoa que conta não estiver presente na história, propondo vivacidade e um certo ritmo durante a narração. O importante é alterar as duas possibilidades: ler e contar! Assim, você poderá ir ampliando as formas de escuta, de percepção.

(Machado, 2015, p. 112)

4. A performance e os contadores de histórias

O QUE É PERFORMANCE?

Termo originário do francês antigo, performance deriva de *performer*, *acomplir* – "fazer, cumprir, conseguir, concluir". Em outros percursos, provém do latim, formada pelo prefixo *per* mais *formare*, significando "tomar forma", "dar forma". No dicionário Aurélio, a palavra performance é formada pelo prefixo *per*, de origem latina, que pode tanto assumir o significado de "movimento, por meio, proximidade, intensidade ou totalidade", como "percorrer, perdurar, perpassar ou presença". O dicionário etimológico de Antônio Geraldo da Cunha, por sua vez, define performance como "o modo sob o qual uma coisa existe ou se manifesta". Define, ainda, que o termo se refere à "materialização de uma mensagem poética por meio da voz humana e daquilo que a acompanha", assim como o "gesto ou mesmo a totalidade dos movimentos corporais".

No século XX, a arte da performance e a própria palavra tomam força e sentido por meio das manifestações artísticas e dos movimentos de vanguarda, na modernidade. Os primeiros trabalhos começam a aparecer em 1910, caracterizando o que veio a ser chamado de "performance contemporânea". Entre os movimentos, o futurismo inaugura as atividades e ideias organizadas em diversos manifestos. Reunindo pintores, poetas, músicos e artistas das mais variadas linguagens artísticas, o futurismo defendia, como a palavra sugere, o futuro, dando espaço para a representação de engenhocas, máquinas, tudo que pudesse significar progresso, variações, novidades, expansões. Tudo acontecia muito rápido; havia a proposta de peças teatrais sintéticas, de trinta segundos, por exemplo. Os saraus, realizados em plena praça pública, reuniam diversidades culturais e suscitavam questionamentos sociais e artísticos por meio de palavras.

No Brasil, a performance reuniu experiências como as já citadas, bem como eventos mais rudimentares. Nesse aspecto, é importante ressaltar artistas pioneiros da arte da performance brasileira, como Flávio de Carvalho no teatro, Hélio Oiticica e Lygia Clark, nas artes visuais. O trabalho do artista de performance é basicamente um trabalho humanista, que tem como objetivo libertar o homem de sua solidez e a arte dos lugares comuns. A performance revela-se, assim, como a arte de intervenção modificadora, como necessidade que tem por intenção primordial causar transformação no receptor.

PERFORMANCE, TEATRO, BODY ART E AS NARRATIVAS EM PERFORMANCE

Como associar o espaço, o corpo e o tempo em relação à performance e ao campo literário? Podemos pensar no corpo, que é o corpo do perfomer (aquele que realiza a performance), mas também no corpo do leitor de "literatura".

A voz seria então o ponto principal desse corpo, como nas transmissões orais da poesia, considerando o efeito da voz em si e a sua qualidade de emanação do corpo.

Em *Performance, recepção e leitura*, Zumthor reflete sobre o seu fascínio pela voz e por canções, na época de estudante:

> No começo dos anos 1930, eu fazia meus estudos secundários. Nessa época, as ruas de Paris eram animadas por numerosos cantores de rua. Eu adorava ouvi-los: tinha meus cantos preferidos, como a rua do Faubourg Montmartre, a rua Saint-Denis, meu bairro de estudante pobre. Ora, o que percebíamos dessas canções?
>
> (Zumthor, 2014, p. 32)

A visão de Zumthor, ao relatar as canções que ouvia e que faziam com que ele quase perdesse o seu trem, está relacionada ao seu envolvimento com a performance dos cantores, que fazia com que ele não percebesse mais nada além das sensações daquele momento. Ele mesmo continua dizendo que, enquanto uns continuavam cantando, outros distribuíam o texto, que era vendido em folhas soltas. Mas não era o texto que lhe conquistava, e sim o jogo. Havia um jogo que se percebia no barulho das ruas, nos sorrisos das meninas que saíam das lojas, na cantoria de quem vendia os folhetos e também de quem cantava; existia ainda a beleza do céu de Paris, no começo de inverno. Toda essa atmosfera criada e sentida fazia parte da canção. Mesmo insistindo em comprar o texto, conta Zumthor, na tentativa de poder levar consigo todas essas sensações, era como se a canção do texto fosse responsável por tudo aquilo, e a leitura do texto não ressuscitasse nada. Foi, então, que começou a cantar de memória a melodia. A ilusão era um pouco mais forte, mas não bastava, verdadeiramente.

> O que eu tinha então percebido, sem ter a possibilidade intelectual de analisar era, no sentido pleno da palavra, uma "forma": não fixa nem estável, uma forma-força, um dinamismo formalizado; uma forma finalizadora, se assim eu puder traduzir a expressão alemã de Max Luthi, quando ele fala, a propósito dos contos, *de Zielform*: não um esquema que se dobrasse a um assunto, porque a forma não é regida pela regra, ela *é* a regra. Uma regra a todo instante recriada, existindo apenas na paixão do homem que, a todo o instante, adere a ela, num encontro luminoso.

(Zumthor, 2014, p. 33)

Em oposição à ideia de forma como algo pronto, Zumthor, sessenta anos depois, pôde compreender o que sempre buscou – depois das suas experiências pelas ruas de Paris –, em que lugar na sua vida havia ficado aquele prazer sentido. Para isso, recorreu em alguns momentos de saudade à literatura. A forma da canção do camelô de canções, que, ao passar dos anos, o estudioso pôde decompor, analisar segundo todas as regras do texto, se reduziu a "um trabalho pedagógico útil e talvez necessário" (Zumthor, 2014, p. 45), mas, segundo ele, no instante em que o discurso é vivido, ele nega a existência da forma, que, com tal efeito perceptivo, só existe na performance, naquele instante em que tudo acontece.

> Muitas culturas no mundo codificaram os aspectos não verbais da performance e a promoveram abertamente como fonte de eficácia textual. Em outros termos, performance implica competência. Mas o que é aqui competência? À primeira vista, aparece como *savoir-faire*. Na performance, eu diria que ela é o saber-ser. É um saber que implica e comanda uma presença e uma conduta, um *Dasein* comportando coordenadas espaço-temporais e fisiopsíquicas concretas, uma ordem de valores encarnada em um corpo vivo.
>
> (Zumthor, 2014, p. 34)

A performance não é simplesmente um meio de comunicação; quando comunica, ela marca o momento. É o conhecimento daquilo que se transmite naquele instante do acontecimento, que, quando ocorre, também modifica o conhecimento já preconcebido, como se transformasse aquilo tido como razão ou mesmo já conhecido. É o "saber-ser", mencionado por Zumthor.

Ela não apenas se liga ao corpo, mas pelo corpo ao espaço, valorizando a noção de teatralidade, sem explorar todas as linhas teatrais, que chegaram bem antes da performance como arte. O corpo presentificado por meio da voz, do gesto, do tempo e do espaço. Assim percebida, a performance se torna um conjunto de leituras e de manifestações poético-visuais.

Trata-se de um jogo, um desdobramento do ato e de seus atores. A performance é uma ponte que liga a voz ao gesto: como a voz projeta o corpo no espaço da performance e tende a conquistá-lo, capturando o seu movimento. A pronúncia da palavra não existe como ocorre com a palavra escrita, em um contexto puramente verbal, mas participa de um processo mais amplo em sua totalidade, promovendo o envolvimento dos corpos de seus participantes, atores ou público. Por meio de outras pesquisas, Brecht, poeta alemão do século XX e destacado dramaturgo cujas obras artísticas e teóricas influenciaram profundamente o teatro contemporâneo, criou para o seu trabalho a noção de *gestus*, desenvolvendo o jogo físico do ator, uma certa maneira de dizer o texto e, ao mesmo tempo, o locutor verbalizar a sua crítica em relação ao próprio texto que acabou de narrar. *Gestus* então mostra que uma atitude corporal encontra sua resposta numa inflexão de voz e "autodiálogo".

> Do texto, a voz em performance extrai a obra. Ela se subordina a esse fim, funcionalizando todos os elementos aptos a carregar, ampliar, indicar sua autoridade, sua ação, sua intenção persuasiva. Usa o próprio silêncio que ela motiva e o torna significante.
>
> (Zumthor, 1993, p. 220)

A posição do corpo no ato da leitura, por exemplo, é determinada pela percepção. A sua pulsação pode ser alterada com uma leitura dentro do seu próprio quarto ou, ainda, você pode sair dançando, sem ouvir literalmente a música, mas a sua ação poética dentro do texto o faz dançar. "A forma se percebe em performance, mas a cada performance ela se transmuda" (Zumthor, 2014, p. 36).

A forma é também o olhar do outro. "'Toda forma é um rosto que nos olha', o que se torna uma forma quando está mergulhada na dimensão do diálogo" (Bourriaud, 2009, p. 29). Nesse aspecto, podemos perguntar: como nos relacionamos com o outro? Onde a performance está inserida na era contemporânea?

Para entendermos a contemporaneidade, precisamos pensar, inicialmente, qual caminho o homem, em suas manifestações, esteve trilhando no decorrer de todos esses séculos. Pierre Lévy (1993) vai chamar a nossa atenção para esse paralelo na linha da história: no começo, o homem das cavernas precisava de uma única pessoa para se comunicar, o que ainda podia ser feito também por meio das pinturas, sons silábicos, gestos, etc. Na modernidade, com o advento da televisão, uma pessoa, por meio da tevê, falava para muitas pessoas, como o grande detentor do conhecimento, da notícia. Na contemporaneidade, entretanto, com a chegada da internet, todos estão falando, dando a sua opinião, promovendo a notícia em qualquer tempo, a qualquer momento (Lévy, 1993, p. 87).

Tudo se torna muito rápido e a própria palavra *movimento* já deixou de ter sua força como na pré-modernidade, quando o futurismo prenunciava sua existência, com suas ideias e provocações. A partir desse contexto, no final dos anos de 1960, surgiu um meio artístico chamado "body art", que tinha como ponto de partida a redescoberta e a ressignificação do corpo. A vivência passou a ser o mais importante, valorizando não mais apenas a contemplação desse corpo, mas toda a sua experimentação artística no espaço.

> Todos os recursos da tecnologia, principalmente os oferecidos por programas especiais de computador ou um livro, um filme, um *outdoor*, uma luz, um objeto industrial, elementos da natureza, um banquete, uma ligação telefônica, um anúncio no jornal, um conjunto dessas e outras coisas; qualquer meio pode servir para expressar uma ideia e dar corpo a uma obra.
>
> (Costa, 2004, p. 50)

Na body art, o artista se torna ao mesmo tempo criador e criatura, transformando o seu corpo em espaço de experimentações estéticas. A body art nasceu de um grupo de artistas vienenses, que realizavam rituais ao som de Mozart, embora tenha antecessores nas vivências com Yves Klein na obra *Pincéis vivos*, por exemplo. A body art e seus artistas propõem a recusa da realidade em prol das emoções no processo de elaboração da obra a ser composta e apresentada. Podemos dizer que a body art é um meio diretamente ligado a outro meio, que é a performance. Dessa forma, podemos mais uma vez afirmar que a performance está ligada a um conjunto de outras leituras, escritas ou corporais.

A escrita, salvo exceções, foi constituída por um contágio corporal a partir da voz. Como afirmou Zumthor (1993), isso tornou difícil esclarecer a confusão institucionalizada, no fim da Idade Média, entre os termos ator e autor. Nas veredas da estética relacional e dos movimentos, a performance também faz parte das grandes possibilidades de comunicação interativa na contemporaneidade. E com o advento das redes comunicacionais, como menciona Lévy, a performance que estamos tratando como meio artístico tornou-se uma constante prática, que ultrapassa amplamente o domínio exclusivo das artes.

O performer geralmente é um artista visual, e a performance pode ser realizada por meio de gestos intimistas ou como uma grande apresentação de cunho teatral. Sua duração pode variar de alguns minutos a até mesmo muitas horas. Pode também acontecer em um único momento, como na abertura de uma exposição, ou repetir-se em inúmeras ocasiões, realizando-se com ou sem roteiros; pode ser improvisada ou ensaiada por meses.

A performance não deixa de ser, essencialmente, um trabalho de arte diante de uma plateia viva, embora também possa estar relacionada com outros meios. Nesse sentido, a narrativa em performance pode ser compreendida como leitura, abordando essa possibilidade por meio das narrações de histórias.

O ato de contar histórias implica o que vamos aqui denominar "eixos de narrativas". O primeiro deles seria o narrador. Como a performance pode contribuir para ampliar os sentidos e transmitir o significado do texto literário por meio desse narrador? Conforme discutido, desde os primórdios da nossa história humana, o homem está representando o seu cotidiano por meio de signos ou símbolos.

A história foi mostrando inúmeras manifestações artísticas ou sociais. A presença do narrador sempre foi pronunciada, sendo válido aqui observar que o narrador mencionado também está na figura de um líder, de um diretor ou de um artista, o que demonstra que sempre existiu um narrador para as histórias e para os acontecimentos.

Mas contar histórias é diferente de encenar histórias, como nas peças teatrais. O ato de narrar está mais ligado à performance do que à encenação teatral, diferentemente do que a maioria das plateias acredita, e como também uma grande parcela dos próprios contadores de histórias se apresentam.

No teatro buscamos o gesto exato de cada personagem, sua voz, seu pensamento, de tal maneira que ela se apresente inteira para quem esteja assistindo. Na narrativa, essa personagem será concebida pelo ouvinte por meio dos elementos oferecidos pelo narrador; muitas vezes não mais do que meia dúzia de palavras, as quais fornecem elementos suficientes para que a personagem crie vida na imaginação do ouvinte (Busatto, 2003, p. 74).

Os recursos de várias linguagens artísticas e comunicacionais estão presentes em uma apresentação; no entanto, não são elas que caracterizam a narrativa, mas sim o conjunto de todas elas. Sendo assim, a narrativa em performance deve potencializar o texto, a história a ser contada e, aqui, está o nosso segundo eixo: a história.

A história escolhida pelo narrador fará com que este passe por todas as cenas desse texto, sinta as emoções e sensações de cada lugar proposto pelo autor. Como dito por Busatto, o contador não irá encenar a história, mas fará a sua performance como manifestação artística, que reunirá gestos, olhares, entonação e modulação de voz, inserindo ou não um recurso visual para mediar esse caminho percorrido durante o texto contado.

Percorrer outras linguagens artísticas está justamente ligado ao que cada história pede, ao que a história me conta e ao que "eu" conto para ela. É como uma troca, um diálogo entre história e narrador. Podemos inserir, nesse momento, então, o terceiro eixo, o público. Como está o espectador no momento da narrativa em performance, qual o lugar da plateia nesse instante?

Apesar de normalmente realizada em grandes grupos, o que se observa é que a narração é individual e pessoal. Independentemente da idade que se apresente, cada pessoa terá naquele momento a sua história de vida como repertório para imaginar e recriar a história ouvida. É como se tudo que tivéssemos absorvido de nossas experiências fosse sendo "guardado" em alguma mala invisível e, no momento em que ouvimos a história, pedissem para que criássemos ou fôssemos até a nossa mala de grandes guardados e "pegássemos" a imagem. Nesse instante de segundos, o ato de ouvir histórias se torna libertador, porque não existe certo ou errado, a imagem certa ou criada determinada pelo narrador, mas existe a sua imagem. Nesse momento, a audiência – o público – torna-se coautor da história com todos da plateia ou com o narrador. É essa potência que dá ao texto toda a sua magia e o seu encantamento, justamente porque valoriza as experiências de cada indivíduo, independentemente da sua idade, da condição social e do lugar onde nasceu, bastando unicamente fazer uso de suas vivências e de sua imaginação.

> Ao relatar como foi a experiência de ouvir um determinado conto, cada pessoa mostra que ouviu "um" conto, o seu. Algumas coisas chamaram sua atenção, outros não. Às vezes, ela é o personagem e vive junto com ele suas aventuras; outra pessoa observa o cenário como alguém que vê de fora o desenrolar da trama, outra se emociona, outra se pergunta sobre a adequação de tal ou qual episódio, e assim por diante. O que importa é que o conto estabelece uma conversa entre sua forma objetiva – a narrativa – e as ressonâncias subjetivas que desencadeia, produzindo um determinado efeito particular sobre cada ouvinte.
> (Machado, 2004, p. 24)

O contador de histórias não interpreta o que o autor "quis dizer": ele faz uma releitura do texto literário e, assim, a criação de um novo trabalho artístico vai surgindo. O narrador faz sua leitura e quem o assiste, por sua vez, faz sua leitura da releitura.

DIFERENTES NARRADORES DE HISTÓRIAS GERAM DIFERENTES PERFORMANCES

O que acontece quando alguém conta uma história, que efeito é esse que une as pessoas numa experiência singular?, questiona Regina Machado (2004), professora e estudiosa do assunto. O que ocorre quando diversos contadores narram suas histórias de diversas maneiras? Como é a performance escolhida por cada um deles, mesmo contando a mesma história?

A partir da década de 1970, podemos afirmar que houve uma retomada da arte de contar histórias simultaneamente em alguns países, como França, Canadá, Estados Unidos, Inglaterra e Brasil. Embora seja um movimento curioso, uma vez que já discutimos a tradição oral como algo milenar em diversas culturas do mundo, o que constatamos é que, por conta da modernidade e da agilidade de informações, as pessoas deixaram de se comunicar por meio da narrativa, o que está possivelmente associado à aparente ausência de tempo.

Paradoxalmente, por conta dessa mesma modernidade acelerada é que as pessoas parecem estar tentando encontrar alguma possibilidade de calma, principalmente nos grandes centros urbanos. Nessa busca, recorrem às narrações de histórias, que são automaticamente remetidas ao teatro – é inclusive comum ouvirmos nas escolas "a pecinha de teatro" ou "o teatrinho dos idosos", e assim por diante, como se não reconhecêssemos mais a arte que acompanhou e acompanha muitas gerações.

Por conta desse movimento, intensificado nos anos de 1970, muitas pessoas confundem narração de histórias com teatro. Sim, existe uma linha tênue entre os dois meios de expressão, que não são iguais, mas podem se completar, entretanto: a performance está ligada ao teatro por meio das expressões corporais, enquanto a narrativa em performance não tem como princípio encenar ou dramatizar um texto.

Numa narrativa, nos apropriamos dos elementos do teatro, mas com moderação e bom senso. A imagem

> verbal não quer dizer mímica da ação, mas num determinado momento pode ser a própria ação, sem que isso se configure como uma cena teatral. Vamos supor que a personagem, que é você, com o lenço que você usa, enxuga uma lágrima que a personagem do conto deixou cair. Isso não significa que você irá se transformar nessa personagem, sentar numa cadeira e criar toda uma cena de tristeza e choro, agir como a personagem agiria, falar como ela falaria.
>
> (Busatto, 2003, p. 78)

Nesse sentido, podemos perceber que existem as mais variadas formas de ler visualmente as histórias, uma vez que, ao contrário das escolas tradicionais de teatro, a narrativa não entrega a cena pronta, não determina. Não tendo objetos de cena, mas, sim, recursos visuais, expressões faciais que poderão sugerir a composição da personagem ou de suas localizações na história, o espectador-leitor terá mais oportunidades de ler e reler a história, de acordo com a sua percepção e memória.

Logo, não existe uma receita, uma fórmula mágica para contar histórias; o que existe é uma pergunta clara e objetiva: o que eu quero quando conto uma história? Alerta-nos Busatto (2003) que, no processo narrativo, apenas uma personagem estará conduzindo o ouvinte por toda a história: o narrador. Todas as sensações e os sentimentos vividos pelas personagens, pelas paisagens do texto, serão transmitidos pelo contador.

Para o folclorista e músico brincante Antônio Nóbrega, o contador precisa ter valor para si mesmo, para entregar aos outros esse mesmo valor, que deve estar arraigado na força do texto escolhido e, principalmente, na memória cultural do narrador em questão (Nóbrega *apud* Busatto, 2003). A narrativa não entrega, como já dissemos, mas ela sugere o imagético em cada ouvinte. Assim, para uma boa narrativa em performance, não precisaríamos aqui fazer a voz do lobo mau, por exemplo, e sim modular a voz de tal maneira que identificaríamos sua força e suas intenções (Busatto, 2003).

É justamente nesse instante que a arte de narrar histórias é democrática, no momento em que o narrador não descreve a personagem, a cena e, não descrevendo, permite a todos os ouvintes recriarem a sua própria história a partir daquela contada pelo narrador, que sugeriu, mas não dramatizou, não "entregou". A intenção narrativa é propiciar perguntas para as pessoas, e não respostas que chegam ao fim (Machado, 2004).

> A narrativa, que durante tanto tempo floresceu num meio de artesão – no campo, no mar e na cidade –, é própria, num certo sentido, de uma forma artesanal de comunicação. Ela não está interessada em transmitir o "puro em si" da coisa narrada, como uma informação ou um relatório. Ela mergulha a coisa na vida do narrador para em seguida retirá-la dele. Assim se imprime na narrativa a marca do narrador, como a mão do oleiro na argila do vaso. (...) Assim, seus vestígios estão presentes de muitas formas nas coisas narradas, seja na qualidade de quem viveu, seja na qualidade de quem relata.
>
> (Benjamin, 1994, p. 204-205)

Quem narra uma história agrega em seu corpo a própria história e tudo que ela pode significar naquele instante de absorção intelectual pelo texto e sensorial pelo corpo. Mais uma vez, associamos a esse contexto o emprego da performance. Octavio Paz (1984), na década de 1970, teceu muitas críticas em relação à modernidade, o tempo capitalista que transformara o corpo em mero instrumento de trabalho, uma força de produção, reprimindo-o como fonte de prazer. O autor nos apontava também a condenação desse prazer em relação à imaginação, uma vez que o corpo não é apenas uma fonte de sensações, mas também de imagens. Assim como nas vanguardas artísticas, o corpo e a imaginação ignoram o futuro, tudo está acontecendo naquele instante presente. Gumbrecht (1998a) assegura: "ao corpo é dada a vivência imediata somente no estado presente; os estados passados e futuros do corpo só podem ser trazidos para o presente pela lembrança".

Seguindo esse pensamento, o corpo do narrador, durante a performance narrativa, deve estar livre de automatizações, padrões e preconceitos; deve estar pronto para o impulso, para o improviso e para a ação. E, para tanto, torna-se necessária a busca por experiências "culturais-corporais"; por contatos com diferentes povos, com diferentes ritos, crenças, posturas e costumes, para a construção ou a reconstrução imaginária de seu próprio corpo. Zumthor (2014) assegura que o corpo é o ponto de partida referente ao discurso; é ele que nos dá a medida e as dimensões do mundo, uma ordem de 53 linguagens espaciais, tais como a noção de direita, esquerda, alto, baixo, projeção perante o universo. São essas projeções e essas linguagens que irão nos apoiar durante a narrativa em performance, portanto o texto poético está inserido nesse universo, uma vez que ele é transmitido por esse corpo, que se realiza no conjunto de diversas linguagens e mesmo de diversos textos.

> Assim definido, o narrador figura entre os mestres e os sábios. Ele sabe dar conselhos: não para alguns casos, como o provérbio, mas para

> muitos casos, como o sábio. Pois pode recorrer ao acervo de toda uma vida (uma vida que não inclui apenas a própria experiência, mas em grande parte a experiência alheia. O narrador assimila à sua substância mais íntima aquilo que sabe por ouvir dizer). Seu dom é poder contar sua vida; sua dignidade é contá-la *inteira*.
> (Benjamin, 1994, p. 221)

A parte de dentro de cada um de nós sabe e se alimenta de boas histórias, que, por sua vez, são sentidas no campo intelectual e no campo sensorial. A parte que sabe está inter-relacionada com o narrador, que figura entre os mestres, os sábios, os camponeses, os pescadores e aqueles que nunca saíram de suas terras, mas conhecem cada pedacinho do seu chão, do seu povo, da história do seu lugar, do seu lar. A parte que não sabe pode aprender as coisas do mundo por meio das narrativas, principalmente aquelas realizadas em performance, porque essas potencializam o texto, remetendo-nos à reflexão. Isso permite que a interrogação seja uma constante, porque é na curiosidade que o mundo se movimenta, e não na resposta pronta, no mundo explicado da informação. O que não está posto é o que reúne força para um texto continuar por séculos, provocando diversas interpretações.

No corpo do narrador-performer está o texto, a história sentida e vivida por aquele indivíduo que se reconhece na sua plateia, porque também aprende com ela. E, nas palavras de Zumthor: "o saber é um longo, lento saber" (2014, p. 65).

PARTE II
A narração de histórias na prática

5. Cantigas e danças circulares

A linda Rosa juvenil
A linda Rosa juvenil, juvenil, juvenil
A linda Rosa juvenil, juvenil
Vivia alegre no seu lar, no seu lar, no seu lar
Vivia alegre no seu lar, no seu lar
Mas uma feiticeira má, muito má, muito má
Mas uma feiticeira má, muito má
Adormeceu a Rosa assim, bem assim, bem assim
Adormeceu a Rosa assim, bem assim
Não há de acordar jamais nunca mais, nunca mais
Não há de acordar jamais, nunca mais
E o Tempo passou a correr, a correr, a correr
E o Tempo passou a correr, a correr
E o mato cresceu ao redor, ao redor, ao redor
E o mato cresceu ao redor, ao redor
Um dia veio um belo rei , belo rei, belo rei
Um dia veio um belo rei, belo rei
Que despertou a Rosa assim, bem assim, bem assim
Que despertou a Rosa assim, bem assim
E os dois puseram-se a dançar, a dançar, a dançar
E os dois puseram-se a dançar, a dançar
E batam palmas para o rei, para o rei, para o rei
E batam palmas para o rei, para o rei
La ia la ia la ia la ia la ia la ia la ia la ia
La ia la ia la ia la ia la ia la ia la ia
(cantiga popular, de autoria desconhecida)

Por que são importantes as cantigas para os narradores e para o público, por que podemos aprender a cantar como a cantiga pede ou a escutar as cantigas? Qual a importância dessa substância na história para que o público estabeleça a relação entre presente e passado? Ao mesmo tempo, as cantigas também contam histórias, assim como a forma que canto essa história, e como as pessoas cantam essas histórias. É por meio de uma dança de roda que vamos percebendo quais são as memórias do meu corpo, e como o corpo está no espaço, qual espaço está sendo ocupado dentro da história e dentro de quem conta, de quem ouve.

As conversas com a história, como eu consigo expressá-las? Sem os esquemas interpretativos, como a história apareceu? Qual é a linguagem visual, como eu, narrador, percebo e interpreto? Como escolher os modos de expressar aquilo que eu vivi? Como utilizar a minha experiência interna, tendo em contato o saber das outras linguagens, para compartilhar o momento da vivência externa?

Quem é contador tradicional já tem esses elementos de percepção, justamente aquele que sabe que pesquisar é observação diária. E sabe também que é o "dom" que faz a pesquisa acontecer. A pesquisa também se aplica à história durante a leitura, buscando investigar as qualidades dentro da história.

E as qualidades do narrador, o que qualifica tudo o que eu faço? O que eu expresso? Para o narrador são importantes as entrelinhas da história. As rupturas e o silêncio na história. E agora? A conversa da pessoa com o texto, a significação pessoal para cada um, é de suma importância. Os movimentos da história no seu corpo, a temperatura dentro de você, por quais lugares a história passeia, o exercício é o movimento de uma ideia narrativa.

A natureza da história, o que faz sentido para a história caminhar, para me transformar em rei... o que eu preciso na minha trajetória para ser rei – esses são recursos internos do narrador e do espectador.

Sereia, sereiá

Eu morava na areia, sereia
Me mudei para o sertão, sereia
Aprendi a namorar, sereia
Com aperto de mão, ô sereia...
Eu estou muito feliz, sereia
Com vocês estou aqui, sereia
Noites lindas de luar, sereia
Com histórias a contar, ô sereia
Cajueiro pequenino, sereia
Carregadinho de flor, sereia
Eu também sou pequenina, sereia
Carregadinha de amor, ô sereiá

(cantiga popular, de autoria desconhecida)

Abre a roda tindo-lê-lê

Abre a roda tindo-lê-lê / abre a roda tindo-lá-lá (2×)
E bate palma tindo-lê-lê / E bate palma tindo-lá-lá (2×)
E bate o pé tindo-lê-lê / E bate o pé tindo-lá-lá (2×)
E de trenzinho tindo-lê-lê / E de trenzinho tindo-lá-lá (2×)
Me dá sua mão tindo-lê-lê / Me dá sua mão tindo-lá-lá (2×)
Reboladinha tindo-lê-lê / Reboladinha tindo-lá-lá (2×)
Me dá um abraço tindo-lê-lê / Me dá um abraço tindo-lá-lá (2×)

(cantiga popular, de autoria desconhecida)

As cantigas populares, assim como as danças circulares, proporcionam momentos de aproximação do público com o narrador, e também com a história. Como disse Lia de Itamaracá, a cirandeira que é nossa referência popular, a ciranda é algo mágico de ver e de participar. Pessoas que nunca se viram na vida, de repente dão as mãos e começam a cirandar, feito ondas do mar: *onda vai e onda vem...* Ao mesmo tempo, contam uma história com o corpo em movimento, compartilhando com outras pessoas o momento que estimula a ludicidade, o sorriso, o estado de realização. Atualmente, nosso corpo está privado de movimentos, principalmente nas grandes cidades: a falta de tempo e a correria do dia a dia não permitem a contemplação, o tempo de escuta. Rubem Alves nos diz em seu texto "Escutatória":

> [...] a gente não aguenta ouvir o que o outro diz sem logo dar um palpite melhor... Sem misturar o que ele diz com aquilo que a gente tem a dizer. Como se aquilo que ele diz não fosse digno de descansada consideração... e precisasse ser complementado por aquilo que a gente tem a dizer, que é muito melhor.
> (Alves, 1999, p. 65)

Assim também acontece com o silêncio: é preciso ouvi-lo e ouvir os espaços dos outros durante a narração, durante a cantiga. O vão momento entre uma palavra e outra, entre a melodia, entre os arranjos do corpo, no movimento da dança que, de mãos dadas, convida o outro a participar.

COMO TRABALHAR CANTIGAS E DANÇAS CIRCULARES

» Peça para o grupo formar um círculo.

» É comum nas danças circulares e cantigas que a palma da mão esquerda fique para cima e a palma da mão direita fique para baixo, assim temos uma troca de boas energias: a mão esquerda recebe e a mão direita doa energia.

» Respeite o tempo e o ritmo de cada pessoa: criança, adolescente, adulto ou idoso.

» Crie possibilidades dentro desse espaço criado para a cantiga ou a dança circular para que pessoas com algum tipo de deficiência também possam participar.

» Explore o jardim, a quadra, a sala de aula, o espaço da livraria, o bosque da leitura, o quintal da casa, o condomínio dos prédios, a sala de ginástica, os museus e os centros culturais: sempre existe um espaço permitido para as ações educativas e corporais.

» Hoje, temos diversas livrarias e *sites* que oferecem um grande repertório de cantigas populares e músicas para danças circulares. Busque constante atualização!

» Existe também o processo criativo, a pesquisa a partir da música popular brasileira, que podemos utilizar como recurso para elaborarmos nossa fala, refletir e dançar.

6. A história

O poema apresentado a seguir, "Eros e Psique", é encontrado em dois livros de Fernando Pessoa, um deles é *O cancioneiro*. Acredita-se que o poema tenha sido posto neste livro por conter canções em seus versos. Na mitologia grega, Eros é o deus do amor e Psique, a alma. Aqui, a poesia é o grande meio para narrar essa história.

Dialogar a apropriação da poesia, com suas rimas e métricas, inserir suas possibilidades poéticas, é um exercício narrativo para sensibilizar o narrador de histórias, que pode fazer da poesia o seu alimento para encantar o seu público e para narrar uma história, mesmo em estado de poesia.

Eros e Psiquê
Conta a lenda que dormia
Uma princesa encantada
A quem só despertaria
Um infante, que viria
De além do muro da estrada.

Ele tinha que, tentado,
Vencer o mal e o bem,
Antes que, já libertado,
Deixasse o caminho errado
Por o que à princesa vem.

A princesa adormecida,
Se espera, dormindo espera.
Sonha em morte a sua vida,
E orna-lhe a fronte esquecida,
Verde, uma grinalda de hera.

Longe o infante, esforçado,
Sem saber que intuito tem,
Rompe o caminho fadado.
Ele dela é ignorado,
Ela para ele é ninguém.

Mas cada um cumpre o Destino –
Ela, dormindo encantada,
Ele, buscando-a sem tino
Pelo processo divino
Que faz existir a estrada.

E, se bem que seja obscuro
Tudo pela estrada fora,
E falso, ele vem seguro,
E, vencendo estrada e muro,
Chega onde em sonho ela mora.

E, inda tonto do que houvera,
À cabeça, em maresia,
Ergue a mão, e encontra a hera,
E vê que ele mesmo era
A princesa que dormia.
   (Pessoa, 1969)

Deve haver um momento mágico para começar e terminar uma história: o início é como se fosse uma forma de "tirar" as pessoas daquele lugar e conduzi-las por outros mundos, e o momento do retorno é muito importante – não sabemos exatamente o que cada momento da história significou para cada ouvinte, portanto é essencial retornar da história respeitando o tempo de cada participante, que também, por muitas vezes, é coautor da história.

Existem algumas possibilidades mais comuns para dar início a um conto, como aponta Regina Machado (2015):

> "Era uma vez...".
> "Naquele tempo...".
> "Em um lugar muito distante...".
> "Agora eu era herói...".
> "No tempo em que não havia tempo, num lugar que era lugar nenhum...".
> "Na época em que os animais falavam...".
> "Num dia muito distante, num lugar há mais de mil quilômetros daqui...".
> "Quando as estrelas ficavam muito perto da terra...".
> "Alguém já ouviu falar do ribombancho?".

Lydia Hortélio (2009) também indica exemplos de como iniciar ou encerrar histórias que devem ser usados de acordo com a atmosfera do conto:

> "Eu estava lá e vi tudo";
> "Eu passei pela festa, peguei um pouco de doces para vocês, mas na ladeira do escorrega, eu levei um escorregão e caiu tudo no chão";
> "Só sei que foi assim";
> "E foram felizes para sempre";
> "E se as cordas do violino não tivessem se quebrado, eles estavam dançando até hoje";
> "E foram felizes na terra, como os anjos no céu".

Ou ainda:

> Entrou por uma porta
> Saiu pela outra
> Rei meu senhor
> Que lhe conte outra
>
> Entrou pela porta
> Saiu pela fechadura
> E quem gostou da minha história
> Que me dê uma rapadura
>
> Do céu caiu fulô
> Um pássaro avoou
> E a nossa história começou

Quando estamos escolhendo ou até mesmo sendo escolhidos pela história, nos deparamos com três abordagens: invenção, herança e difusão. Percebemos que, das três, a invenção talvez seja a mais importante e talvez a mais misteriosa. De que maneira o narrador escolhe a história para contar; quais suas impressões; como ao mesmo tempo, por muitas vezes, improvisa durante a sua própria performance; o pertencimento: a apropriação da história escolhida é essencial para a conquista do seu público.

Muitas vezes a história é escolhida pela mensagem e outras, pensando na faixa etária, mas a história precisa ser saboreada e, sobretudo, pesquisada, reescrita. Infelizmente, as pessoas ainda confundem apropriação e pertencimento com a popular "decoreba", uma palavra que foi tristemente confundida com mera repetição de palavras, perdendo o sentido original (*de corar* = de coração).

Para obter esse pertencimento da história, é necessário constante pesquisa e leitura: para que a história faça sentido para o narrador, é preciso que soe como verdadeira para si mesmo, e, se assim for, assim é!

Na contemporaneidade, estamos carentes de boas histórias, daquelas que nos surpreendem e alteram nossa respiração, de maneira que fiquemos ali esperando o desenrolar da história que vai sendo contada. Para tanto, é preciso inventar, cultivar a nossa herança sensorial por meio das histórias ouvidas e contadas, e difundir, isto é, como narrador, espalhar pelo mundo maneiras de contar e de inventar uma boa história.

COMO TRABALHAR AS HISTÓRIAS

- » Leia e pesquise contos, crônicas, romances, novelas, enredos, sagas, adaptações e biografias.
- » Pesquise e assista às produções cinematográficas e minisséries.
- » Visite exposições de arte, espetáculos de teatro e de dança.
- » Tenha a música sempre presente.
- » Crie saraus, rodas de leitura e de histórias.

Outro grande exercício é dividir a história escolhida em partes ou cenas, como no exemplo a seguir:

A formiga e a neve

Era uma vez uma formiga, que saía para trabalhar diariamente. É preciso dizer que, justamente naquela manhã, o inverno chegava com toda a sua força. A formiga já corria para procurar comida quando um floco de neve caiu e prendeu o seu pé. Muito nervosa, percebeu que ali poderia morrer de frio e fome. Foi então que olhou para o sol e pediu:

– Sol, você que é tão forte, derreta a neve e desprenda o meu pezinho?

O sol não deu muita trela e foi logo respondendo:

– Mais forte do que eu é o muro que me esconde.

A formiga foi até o muro e disse:

– Muro, tu que és tão forte, que esconde o sol e que derrete a neve, solte o meu pezinho?

Foi quando o muro respondeu:

– Mais forte do que eu é aquele rato que me rói.

A formiga, quase sem respirar, perguntou:

– Rato, você que é muito forte, que rói o muro, que esconde o sol e que derrete a neve, desprenda o meu pezinho?

E o rato falou, apressado:

– Mais forte do que eu é o gato que quer me devorar.

A formiga perguntou ao gato:

– Você que é tão forte, que devora o rato, que rói o muro, que esconde o sol e que derrete a neve, desprenda o meu pezinho?

O gato logo responde:

– Mais forte do que eu é o cachorro, que me persegue.

Muito cansada já estava a formiga, mas ela foi perguntar ao cachorro:

– Você que é tão forte, que persegue o gato, que devora o rato, que rói o muro, que esconde o sol e que derrete a neve, desprenda o meu pezinho?

O cachorro então lhe falou:

– Mais forte é o homem que me prende.

A formiga, quase sem forças, perguntou ao homem:

– Você que é forte, que prende o cachorro, que persegue o gato, que devora o rato, que rói o muro, que esconde o sol e que derrete a neve, desprenda o meu pezinho?

O homem olhou para a formiga e respondeu:

– Ora! Mais forte que eu é Deus, que tudo pode.

Foi aí que a formiga olhou para o céu e disse:

– O Senhor que é tão forte, que pode tudo, desprenda o meu pezinho?

Deus, que ouve todas as preces, pediu à primavera que chegasse mais cedo e espalhasse flores cheias de luz por todos os campos e caminhos. Assim a formiga foi se desprendendo e viveu entre as flores por longos e longos anos.

(Romero, "A formiga e a neve", 1885)

No exemplo, cada cena representa uma mudança, uma passagem da história para outro acontecimento. Perceber o que cada cena, cada personagem e cada paisagem nos oferece, remete ao nosso repertório de experiências. Dessa maneira, podemos trabalhar as seguintes questões:

» Quais são as passagens da história?

» O que significa, para cada espectador, a movimentação da formiga? Que tipo de paisagem e personagens cada indivíduo irá lembrar?

» E o gestual, como eu posso representar a procura da formiga para se salvar, a postura do sol, do gato, do rato, do muro, etc.? Eu preciso ter figurinos das personagens para representá-las ou a postura de cada um que trazemos na memória comunica com o espectador?

» Qual a imagem que eu tenho dessa cena, dessa passagem?

» Qual o estilo ou o gênero musical correspondente à história?

» O que tem no caminho da formiga?

» Quantos obstáculos a formiga enfrentou?

» Como era a imagem do seu salvador?

O exercício pode ser realizado dividindo toda e qualquer história e pode ser aplicado da seguinte maneira:

1. Divide-se a história pelas mudanças de cena.
2. Considerando que, nessa história, temos várias passagens, podemos dividir a classe, o grupo, a turma ou até mesmo criar um único grupo para contar as passagens identificadas, permitindo perceber a história por meio de vários sentidos, por exemplo:
    a. como se fosse uma fotografia;
    b. com gestos do corpo;
    c. somente com sons do corpo;
    d. com expressões do rosto.

A dinâmica permite estabelecer sentido por meio da história. Possibilita ainda que cada um se aproprie da história, de forma que se prepare para narrá-la, a partir das imagens que a história sugere ou dos gestos, do jeito das personagens. E os sons, quais são eles, quais as memórias de cada som? E as expressões, como cada personagem se expressa, quais são as referências? Tudo isso deve ser somado às percepções referentes às personagens, aos ambientes dentro da história, além da história por si só. Como o narrador irá contar a história depois de tê-la sentido? Quando a história faz parte do seu corpo, está tão inteira com o narrador que ele já pode criar: pode então desenhar a história, cantar com a história, incluir um instrumento musical... a sua performance acontecerá a partir de sua identificação sentida com a história escolhida.

"Se é verdade para você, assim é."

7. O público

Os contadores populares, assim como os contadores da tradição e as crianças, aprendem a olhar para dentro, a saborear o clima das histórias, a riqueza de suas nuances. É impossível, por exemplo, cantar "o mato cresceu ao redor" como se canta "o tempo passou a correr" ou "o tempo corre veloz", "o mato vai lentamente se entranhando nas ruínas do castelo". Da mesma forma, não se pode cantar o instante em que a feiticeira adormece a Rosa do mesmo modo como se canta o despertar da princesa pelo príncipe; há uma delicadeza nesta hora, muito distinta da vibração energética daquela outra. Aprendamos a preservar aquilo que seria o esqueleto da história, sua estrutura fundamental, e a entrar em contato com as nossas próprias personagens internas. Hoje em dia, muitos acabam transformando enredos essenciais em histórias "politicamente corretas", nas quais de repente o lobo pode ficar bonzinho e todo o mal vai sendo varrido para debaixo do tapete... O diretor e cineasta brasileiro Luiz Fernando Carvalho pontuou com clareza a necessidade de reaproximação desses padrões fundamentais:

> Acredito em um patrimônio brasileiro genético do Brasil, suas histórias, suas raças, suas línguas, seus sons; tudo ainda vive, tudo me dá a sensação de que, como arquétipos, estão à espera de reencarnar para continuarem suas missões éticas e estéticas (...). É o que há de mais moderno e, ao mesmo tempo, mais arcaico. É uma memória lúdica que nos habita, pois sobrevive das nossas primeiras lembranças.
>
> (A história [...], [2005?])

Os mais antigos contam suas histórias, as crianças vão brincando com os seus próprios contos, e todos vivenciam cada personagem com o corpo inteiro, fazendo parte de cada segredo, enfrentando os seus medos, as suas mudanças e transformações pela própria vida. Quantas pessoas ao ouvir uma história começam a refletir por dias e, dependendo da reverberação de cada história ouvida, mudam e transformam suas vidas, seus pensamentos e atitudes.

É por tudo isso que não existem receitas para a arte de contar histórias: o público é diferente em cada performance, em cada conto. É como afirma Regina Machado (2015), que conta tantas histórias: "Não há técnica sem presença (...). É a história que me conta como quer ser contada". Às vezes, o excesso de planejamento pode limitar e reduzir a experiência viva de um professor, por exemplo, quando não exerce o seu poder de observação ou quando subestima o seu público – nesse caso, o seu grupo de alunos.

No livro *O mestre ignorante*, Jacques Rancière (2010) suscita a seguinte reflexão: existe o mestre que negligencia a inteligência dos seus aprendizes, chamado de mestre explicador, que retém o conhecimento só pra ele; e o mestre emancipador, que valoriza o conhecimento, a inteligência dos seus alunos. Assim é também com o público que está ouvindo as histórias: muitos são coautores e participam, integram-se à história.

Certa vez, contando histórias em uma livraria de São Paulo, narrava a história da *Alice no país das maravilhas em cordel*, de João Gomes de Sá, quando a Alice corria atrás do coelho e chamava por ele: "– Ô de casa? Ô de casa?". Nisso, um menininho da plateia levanta do meio das outras crianças com a mãozinha estendida e diz: – "Eu tô aqui!". Foi um momento mágico da história com o público, e o momento único do narrador (eu) com essa audiência. A história é contada para o público, é muito importante que cada narrador tenha tudo muito claro, a história mais verdadeira é que se faz presente. Independentemente da sua performance, dos seus recursos visuais, sabemos que o mais importante da narração de histórias aconteceu com o seu público quando se instala a vontade de ler, de participar daquele instante.

E como nos ensinou o grande contador de histórias Guimarães Rosa:

Mestre não é quem sempre ensina, mas quem de repente aprende. Cada homem tem seu lugar no mundo e no tempo que lhe é concedido. Sua tarefa nunca é maior que sua capacidade para poder cumpri-la. Ela consiste em preencher seu lugar, em servir à verdade e aos homens.

(Guimarães Rosa, 1977, p. 35)

COMO TRABALHAR A HISTÓRIA COM O PÚBLICO

- » Permita a participação da audiência, a história é contada para ela.
- » Estimule a conversa e o improviso durante a narrativa.
- » Crie o instante "mágico" do silêncio, da escuta e da observação.
- » Lembre-se de que gostar de uma história pode ser o brilho no olho, a lágrima escondida; nem sempre gostar de uma história é sair pulando e dando gargalhadas.
- » Faça uma dança circular, cante uma música, peça a participação; não obrigue, e sim convide.
- » Prepare o ambiente para a sua apresentação, pense sempre como você gostaria de ouvir essa história.

8. O ambiente

> Quando Sherazade contava, quem ouvia se esquecia de tudo, de quem era, do que era, se sentia fome ou sono. Podia a terra tremer ou o nariz coçar, nada importava quando Sherazade contava. Era tão gostoso como comer uma tâmara de olhos fechados, ouvindo as fontes do 5º. Jardim suspenso, aquele das rosas amarelas. Tudo se encaixava, se esclarecia e se turvava, desenhos e melodias surgiam em quem ouvia, dizendo-lhes a diferença entre o que eram e o que acreditavam ser, quando Sherazade contava.
>
> (Machado, 2015, p. 98)

A pergunta que nos movimenta, qual é a sua intenção, o que queremos atingir quando nos propomos a contar histórias? Antigamente contar histórias era uma ação integrada à vida diária. Seja lá de qual lugar do mundo, seja lá de qual classe social, o ambiente era preparado. Vale lembrar da vida no campo, as modas de viola ao redor da fogueira depois de um dia de trabalho: entre uma música e outra, lá vinha o contador de causos. O ambiente, a lua, a noite, a fogueira, a roda de contadores, cantadores e ouvintes. Ah, não podemos nos esquecer da polenta, dos bolinhos de chuva, do café, do chá, e assim por diante... Figurino? Não, era o chapéu, a camisa xadrez e a saia rodada, a flor no cabelo e muitos olhares nos olhos de quem ouvia e de quem contava as histórias. E, mesmo nos centros urbanos, as histórias eram narradas nos almoços de domingo, em círculo ao redor da mesa, com comidas coordenadas pela feitura das avós, tudo com muito primor. E tem as histórias da noite, em que a luminária garantia a meia-luz, uma sugestão para o clima da história. Com o livro presente ou não, com a modulação de voz, a história ia sendo narrada.

Lembro-me de uma frase do músico Tom Zé, quando entrevistado por Jô Soares, em 2014: "Quando a luz elétrica chegou, as conversas se foram". Vivemos nesse tempo do aqui e agora, das mensagens automáticas, da individualidade proposta pelos aparelhos, menos olho no olho, menos abraços e, ao mesmo tempo, todos estamos conectados. O nosso corpo deixou de ser livre, vive condicionado e, generalizando, a maioria só conhece o estado do sentar. Sentados nos meios de transporte, em frente à tevê, ao quadro branco, à tela do datashow, ao monitor do computador, ao celular, etc. E, quando é pedido para esse corpo fazer um círculo, um movimento diferente, a tendência é não reconhecer. Assim também é com o ambiente para contar uma história, com momentos que possam permitir ações diferentes também para o corpo. Sair desse estado rotineiro e extremamente conhecido, o círculo, a roda sempre: bem-vindos! E mais que o movimento exaltar o olhar, a comunicação, a expressão corporal da sua audiência: o ambiente que estamos tratando aqui passa longe de um cenário como nas peças de teatro. Aqui estamos lidando com a preparação de um ambiente diferente para ouvir histórias.

COMO TRABALHAR O AMBIENTE

» A história pode ser contada no jardim de uma escola, em uma praça, em um bosque de leitura, na sala de leitura, na sua sala de aula, na casa da avó ou dos pais. A narração também pode acontecer em um hospital, museu, biblioteca, brinquedoteca, empresas, ONGs, abrigos, em festas de aniversário, em casamentos, etc.

» Podemos ter flores, fitas coloridas, cadeiras em círculos, cortinas, aventais coloridos, chapéus, almofadas, tapetes, cadeira de balanço, redes, móveis reaproveitados, peças artesanais, podemos sentar na grama, etc.

» Tudo isso deve ser pensado e feito com muita pesquisa e de acordo com a ocasião e o conceito que se quer desenvolver, do encontro de olhares, de pessoas em torno de um momento diferente, o momento da história. O que não podemos é ter um ambiente poluído ou com muito ruído, com muitas informações ou com cartazes de diversas personagens.

RECURSOS VISUAIS

Aprender a ler imagens e conversar com elas é um importante aspecto da educação estética. A situação cênica eventualmente proposta na arte de contar histórias pode se tornar uma ocasião privilegiada para essa aprendizagem. Ela conta com a participação e atenção qualitativa das pessoas, que estão disponíveis para o encantamento da história e, portanto, receptivas para tudo o que a acompanha.

(Machado, 2015)

Ideia de experiência acumulativa, a arte como experiência. Para o ato de narrar histórias não precisamos ser artistas, montar grandes produções. Como já falamos aqui, vamos construir um ambiente, e não um cenário para contar histórias. A maneira como se exercita a percepção para descobrir ou enxergar as qualidades de cada narrador e aplicá-las é parte da ação artística. O modernismo, por exemplo, revelou-nos significações, artistas, imaginários surreais e grupos seletos, não só pelo entendimento, mas pelos princípios adotados – nesse sentido, como aprender arte sem conhecer as intenções dos artistas e o propósito do movimento?

Cadê a arte nas escolas ou o educador-artista? Como fazer uso de nossos recursos internos? E como utilizar os recursos externos?

Qual a diferença entre o narrador tradicional e o narrador urbano? O contador de histórias tradicional sempre utilizou o que pode da sua criatividade, sempre sugerindo a história, nunca explicando ou entregando. Talvez pelo contexto social em que vivia, talvez porque tivesse passado por épocas difíceis, de ditadura militar, censuras, pais e professores autoritários. Era o dizer sem dizer, mas que, ao mesmo tempo, deixava no ar um gosto de mistério, um aroma de quero mais, saber mais.

Já o narrador urbano tem as possibilidades de um mundo extremamente visual, em que tudo está pronto, a informação é imediata. O óbvio se faz presente, e as histórias sem surpresas tendem a nos acompanhar. A tendência para a entrega, para qualquer objeto como recurso visual, sem pesquisa, é cada vez mais comum – tanto que a narração de histórias é considerada uma grande ação apenas, sem a preocupação com texto, e em muitas propostas ela é quase um *show* de improvisos e adivinhações: é tanta ação que virou "contação" de histórias.

Nesse sentido, é importante deixar claro que o trabalho do narrador de histórias está intimamente ligado à leitura literária, e os recursos são só instrumento de aproximação com o sentido da história contada: a história não pode ser tratada apenas como entretenimento e distração.

COMO FAZER USO DOS RECURSOS VISUAIS

» Pesquise tecidos, texturas, tramas, fitas, bonecas artesanais, cestos indígenas, etc.

» Objetos do cotidiano, de escritório, de uso doméstico e escolar podem compor o ambiente, assim como objetos antigos.

» Peças da cultura popular podem contextualizar e enriquecer a história.

» Bonecas artesanais e instrumentos musicais também podem ser utilizados como meio expressivo.

9. Adaptações literárias

As adaptações são abertas à nossa interpretação, mas não possibilitam que a história original seja alterada. É necessário, portanto, respeitar o eixo da história, o pensamento, o raciocínio e o caminho percorrido pelas personagens.

Em todas as minhas narrações sempre procuro adotar esse respeito pelo autor, pela tradição oral, mantendo a mesma linha do pensamento, da história, das personagens. A seguir, menciono alguns contos e a minha experiência com cada um deles.

[CONTOS SELECIONADOS]

UM APÓLOGO Sou encantada pela obra de Machado de Assis e acredito que, entre tantas habilidades com a escrita, ele também tinha facilidade para lidar com a curiosidade, com as entrelinhas de uma história. Em todos os contos que li, era perceptível a proposta de reflexão e interpretação pessoal, intimista. Uma de suas histórias que preparei e adaptei para narrar tem o título de *Um apólogo*, que é justamente a narrativa que, em prosa ou verso, traz uma mensagem implícita.

Era uma vez uma agulha, que disse a um novelo de linha:

– Por que você está com esse ar, toda cheia de si, toda enrolada, para fingir que vale alguma coisa nesse mundo?

– Deixe-me, senhora.

– Que a deixe? Que a deixe, por quê? Porque lhe digo que está com um ar insuportável? Repito que sim, e falarei sempre que me der na cabeça.

– Que cabeça, minha senhora? A senhora não é alfinete, é agulha. Agulha não tem cabeça. Que lhe importa o meu ar? Cada qual tem o ar que Deus lhe deu. Cuide da sua vida e deixe a dos outros.

– Mas você é orgulhosa.

– Sou, com certeza.

– Mas por quê?

– Porque costuro. Então os vestidos e enfeites de nossa ama, quem é que costura, senão eu?

– Você? Essa é a melhor. Você é quem costura? Você ignora que quem os costura sou eu, muito eu!

– Você fura o pano e nada mais. Eu é quem costuro, prendo um pedaço de tecido ao outro, dou franzido aos babados.

— Sim, mas do que vale tudo isso? Eu é quem furo o pano, vou adiante, puxando por você, que vem vindo atrás de mim, obedecendo o que eu faço e mando.

— Não se esqueça, também tem os batedores que vão adiante do imperador.

— E você por acaso é imperador?

— Não digo isso, mas a verdade é que você faz um papel menor, indo adiante. Você só vai mostrando o caminho, vai fazendo o trabalho obscuro e inferior. Eu é que prendo, ligo, ajunto.

Estavam nessa discussão, quando a costureira da baronesa chegou, pegou o pano, pegou a agulha, pegou a linha. Enfiou logo a linha na agulha, e começou a costurar. Uma e outra iam andando orgulhosas, pelo pano adiante, que era realmente a melhor das sedas. Entre os dedos da costureira, ágeis como a deusa Diana, para fazer uma graça poética à cena. E dizia a agulha:

— Então, senhora linha, ainda teima no que dizia ainda há pouco? Não percebe que essa distinta costureira só se importa comigo? Eu é que vou aqui entre os dedos dela, juntinho a eles, furando abaixo e acima?

A linha não respondia. Ia andando. Buraco aberto pela agulha era logo preenchido por ela, silenciosa e ativa, como quem sabe o que faz. Não está ali para ouvir palavras loucas. A agulha, vendo que ela não lhe dava resposta, calou-se também e seguiu andando. Tudo era silêncio na saleta de costura, não se ouvia mais que o plic-plic-plic da agulha no pano. Ao pôr do sol, a costureira dobrou a costura para o dia seguinte. E pela manhã continuou, até que no quarto acabou a obra e ficou esperando o baile. Veio a noite do baile e a baronesa vestiu-se. A costureira, que a ajudou a vestir-se, levava a agulha espetada no corpo para dar algum ponto necessário. E enquanto compunha o vestido da bela dama e puxava de um lado ou outro, ia arrumando dali, alisando lá, abotoando, acolchetando. Foi quando a linha perguntou para a agulha:

– Ora! Ora! Agora, diga-me, quem é que vai ao baile, no corpo da baronesa, fazendo parte do vestido e da elegância? Quem é que vai dançar com ministros e diplomatas, enquanto você volta para a caixinha da costureira. Vamos, diga-me!

Parece que a agulha não disse nada, mas um alfinete, de cabeça grande e com experiência, disse para a agulha:

– Anda, vê se aprende. Você não se cansa em abrir caminho para ela e ela é quem vai se divertir nessa vida, enquanto você fica aí na caixinha de costura. Faça como eu, que não abro caminho para ninguém. Onde me espetam, eu fico.

Contei essa história a um professor de melancolia e ele me disse, acenando com a cabeça:

– Também tenho servido de agulha para muita linha ordinária.

(Machado de Assis, 1896).

[CONTOS SELECIONADOS]

ALICE NO PAÍS DAS MARAVILHAS EM CORDEL Estava me aventurando a contar histórias em livrarias. Certa manhã, recebo um telefonema com a seguinte proposta: contar a história *Alice no país das maravilhas em cordel*, publicação do autor João Gomes de Sá. Achei incrível e muito desafiadora essa narrativa, mas o que eu não sabia até então era que o autor estaria presente em todas as apresentações. Pesquisei, devorei o livro, uma história tão clássica ambientada no universo nordestino e em cordel. Quanto mais eu lia a história, mais eu lembrava das minhas referências, das cores, do maracatu, das festas, da musicalidade. E assim foram nascendo os recursos visuais e a minha adaptação para essa história. Ah, o João? Ele adorou, gostou tanto que cantou, improvisou e o público acreditou na nossa verdade, todos acreditavam que éramos uma dupla de contadores de histórias. Tomei a liberdade de transformar em conto o que estava em cordel.

Era uma vez uma menina muito esperta, estudiosa e muito valente. Sempre resolvia sua lição e depois saía a brincar no jardim. Seu nome: Alice! Sempre chamava sua irmã mais velha para brincar, mas naquele dia nada acontecia. Mas de repente passa correndo à sua frente um coelho. Mas um coelho muito estranho, um coelho com terno e gravata. Ele olhava para o relógio na cintura pendurado e dizia: "Perdi a hora, o que vou fazer agora? Estou atrasado!". Alice não pensou duas vezes, saiu correndo atrás, mas o coelho parecia um coelho atleta, corria muito, e Alice também corria, e ele dizia: "Estou atrasado, estou atrasado!!!" E o danado do coelho, apressado na cacimba se meteu... Alice ficou olhando, olhando na beirinha da cacimba, aquele poço enorme e, de repente, ela desequilibrou e foi caindo, caindo... Até que surgiu um clarão e, em vez de esborrachar no chão, a menina foi parar em um salão. E quando ela se levantou, ela viu uma mesa. Em cima da mesa tinha uma jarra cheinha de suco, era limonada, e Alice adorava limonada. Na jarra estava escrito: "pode beber – é verdade", e Alice não perdeu tempo, a sede foi saciada, matou de vez a vontade. O seu corpo foi crescendo sem parar, o salão foi ficando pequeno, pequeno, sem espaço para andar... E ela foi ficando espremida dentro do salão. Ela começou a chorar, e o salão virou um rio, e tudo começou a boiar. Uma latinha boiando apareceu, nela estava dito: "Alimentar-se é preciso, ponha fim ao desalento". Ela conseguiu abrir e comeu, até que ela foi diminuindo, diminuindo, ficando pequenininha e começou a boiar com todos os objetos do salão. Ela viu uma chavinha, pegou e conseguiu abrir uma portinha no canto do salão e se espremeu para atravessar, até que, com muita valentia, ela conseguiu e viu o jardim tão lindo e florido. Ficou tão feliz com o que via... Foi quando começou a ouvir: "Estou atrasado, estou atrasado!" Era o coelho correndo, e ela saiu correndo atrás dele, mas o perdeu de tanto que ele correu. Foi aí que apareceu o senhor Rato, que estava muito bravo com tanta água, e a culpa era de Alice: "Ora, senhor Rato, não fique magoado, me ajude a encontrar aquele encantado jardim. Diga logo pra mim!". O senhor Rato não quis saber, saiu correndo. Alice seguiu caminhando e viu uma casinha, e começou a gritar: "Ô de casa! Ô de casa! Alguém pode me ajudar a encontrar o mágico jardim?" Foi quando da porta saiu o coelho de terno e gravata e uma luva na mão. Já foi logo dizendo: "Não posso te ajudar, não!", saindo em disparada. Alice, mais uma vez, saiu correndo, correndo... E cansou! Encontrou a dona Valquíria, a centopeia. Que até recitou: "Por que tanta pressa, sinta a brisa, sinta o vento, curta cada momento". "Dona Valquíria Centopeia, a senhora pode me ajudar? Preciso o lindo jardim encontrar, e eu quero voltar ao meu tamanho." "Esse jardim eu desconheço, mas para você eu posso contar: a grandeza das pessoas, não está no seu rebanho nem tampouco na aparência, na perda ou no ganho, mas está no coração, independente do tamanho...". Alice havia entendido, mas queria muito encontrar o jardim e voltar ao seu tamanho original. Dona Centopeia foi logo dizendo que caminhasse mais um pouco, até o pé do juazeiro. Lá, encontraria uma fruta, que comeria e voltaria a ficar no seu tamanho. Colheu a rapadura, mas lembrou as palavras de dona Valquíria: de um lado da rapadura ficaria gigante e, do outro, pequenininha. Caminhando pelo bosque, ela teve um encontro: era o Esquilo, dizendo: "Leve esse convite para a duquesa Judite, e muito obrigado!". O Esquilo saiu correndo, mas Alice não foi atrás, decidiu entregar o convite. Não demorou muito tempo e Alice encontrou o castelo. Bateu palmas e os portões se abriram: "Seja bem-vinda!". Logo disse: "Estou aqui para entregar o convite.". A duquesa Judite lembrou: "O convite!!! O jogo da rainha irá começar... Donatelo, Donatelo, a rainha está chamando, vamos!!! Ninguém pode se atrasar...". Alice deixou o castelo e continuou seguindo, quando encontrou um gato, mas não era um gato qualquer, era um gato risonho, mas muito vaidoso, com o nome de Ogima Osir, galante e que gosta de dividir, mostrando só as coisas boas para repartir... Osir foi acompanhando Alice, e embaixo do juazeiro lá estava o Chapeleiro, dizendo: "Eu controlo o tempo e o vento!". Logo apareceu a dona Galinha: "Seu Chapeleiro, o meu tempo eu mesma faço!". Veio também a dona Tartaruga, e não é que o coelho passou correndo: "Estou atrasado, estou atrasado, o jogo vai começar!". Quando Alice chegou naquela arena gigante, não acreditou! Era um jogo de taco, e taco era um jogo que Alice sabia jogar. Logo se candidatou, mas para o espanto de todos o coelho gritou: "Ninguém ganha da Rainha!". Quando Alice olhou, viu o coelho no meio da arena, ele era o juiz. Alice nem ouviu, foi jogar e queria ganhar. Quando o jogo começou foi um ponto, outro ponto, que o coelho até ficou tonto. A rainha perdeu, e todos ficaram em silêncio. Ela gritou: "Soldados, peguem essa menina!". Alice começou a correr, e lembrou do pedaço da rapadura em seu bolso. Comeu o outro lado, e foi crescendo, crescendo, até virar uma menina gigante. Os soldados começaram a correr, com muito medo... Alice ficou olhando na arquibancada o chapeleiro, o gato risonho, a galinha, a tartaruga, a duquesa Judite: todos estavam com medo... Alice vendo aquilo tudo comeu o outro lado da rapadura e foi voltando ao tamanho natural... Quando passou pela sua frente, o coelho foi dizendo: "Estou atrasado, tenho outro compromisso". No meio daquilo tudo, Alice escuta uma voz: "Volte para a casa menina, deixe de estripulia". "Alice já não viu mais o coelho, nem a duquesa ou a rainha, nem mesmo o gato risonho, e ficou pensando: "Será que toda essa história foi realidade ou foi sonho!?".

(Gomes de Sá, 2010)

[CONTOS SELECIONADOS]

A FESTA NO CÉU Essa história é um grande exemplo de adaptação literária e daquela velha frase: quem conta um conto aumenta um ponto. Com diversas versões em cada região do Brasil, o conto foi coletado por Sylvio Romero, em 1885. E, mesmo depois de tanto tempo, de boca em boca, ela continua no repertório brasileiro até os dias de hoje. *A festa no céu* tem a classificação dos folcloristas como conto etiológico, inventado para explicar o motivo de determinadas características pertencerem a um animal. Em muitas versões dessa história, a personagem principal é o sapo, em vez da tartaruga. O conto também faz parte da cultura local em Portugal.

Era uma vez uma floresta. Certo dia, espalhou-se entre os bichos a notícia de que haveria uma festa no céu. Porém, como o local marcado era o céu, só poderiam comparecer os animais que voam. As aves ficaram animadíssimas com o convite, começaram a falar da festa por toda a floresta. Tantas conversas acabavam provocando a inveja nos outros bichos, que não podiam voar. Foi quando a tartaruga, que gostava muito de cantar, ficou com muita vontade de ir à festa. Resolveu que iria de qualquer jeito, de repente saiu dizendo que iria, que tinha sido convidada. Os bichos que ouviam aquilo começaram a rir da pobre tartaruga. "Imaginem como uma tartaruga, com essa casa enorme nas costas, que não consegue nem correr, quem dirá voar até o céu..." Durante todos os dias, a tartaruga foi motivo de muitos risos por toda a floresta. Ela tinha alguns amigos que corriam para aconselhá-la, como o esquilo, que ia logo dizendo: "Tire essa ideia da cabeça. Bichos como a gente, que não voam, não têm chances de aparecer na festa no céu". Mas ela respondia firmemente: "Eu vou, sim!" Ela tinha muita esperança de participar desse grande evento. E seguia, dizendo: "Ainda não sei como, mas eu irei". Ela tinha seus argumentos: "Não é justo organizarem uma festa dessas e excluírem a maioria dos animais".

Depois de muito pensar, a tartaruga teve uma ideia. Algumas horas antes da festa, procurou o urubu. Ele ia tocar na festa, era um ótimo tocador de viola. Conversaram muito, divertiram-se com muitas histórias que a tartaruga contava e com algumas músicas: ela cantava muito bem e o urubu tocava. Quase à noitinha, a tartaruga se despediu do amigo, falando: "Bom, meu amigo urubu, vou indo para o meu descanso, temos uma festa mais tarde. Preciso estar bonita e bem disposta para cantar a noite inteira". "Você vai mesmo, amiga tartaruga?", perguntou o urubu, meio desconfiado. "Claro, não vou perder essa festa por nada", disse a tartaruga, já partindo. "Até mais tarde!". Mas em vez de ir para a sua casa, a tartaruga deu uma volta, entrou escondida na casa do urubu e, vendo a viola dele encostada na parede, escondeu-se dentro da viola. Chegada a hora da festa, o urubu pegou a viola e amarrou-a em seu pescoço em voo, em direção ao céu. Durante a viagem, o urubu achou estranho: a viola estava mais pesada do que de costume. Mas aguentou firme, não poderia parar naquele meio de céu. Quando ele chegou, deixou a viola em um canto e foi tomar um pouco de água, conversar com as outras aves. A tartaruga aproveitou para espiar e, vendo que estava sozinha, conseguiu sair da viola, toda contente. Quando as aves perceberam, ficaram muito surpresas ao verem a tartaruga dançando, cantando, toda prosa. Todos queriam saber como ela havia chegado, mas ela, muito esperta, mudava de assunto e saía a se divertir. Estava quase amanhecendo, quando a tartaruga percebeu que era a hora de se preparar para o retorno à terra. Saiu sem que ninguém percebesse e entrou na viola do urubu, que estava encostada no cantinho do salão. Com os raios de sol surgindo quando a festa acabou, os convidados começaram a bater suas asas, cada um para a sua casa. O urubu pegou a sua viola e voou em direção à floresta. Voava tranquilo, mas ainda sentindo um peso estranho na viola. Como também havia sentido na subida, achou que estava tudo normal. Mas, em uma curva, ele escutou um barulho dentro da viola. Quando olhou dentro do instrumento, viu a tartaruga dormindo, toda encolhida dentro do seu casco: "Ah! Dona tartaruga, foi assim então que você chegou à festa no Céu? Sem pedir, sem avisar e ainda me fez de bobo!". E, sem pensar, lá do alto, ele virou a sua viola, até que a tartaruga foi caindo direto para o chão. A queda foi impressionante, todos os bichos da floresta, ouvindo a confusão, saíram correndo para ver o que estava acontecendo. A tartaruga caiu em cima das pedras, às margens de um rio, e o incrível aconteceu: ela não morreu. A tartaruga tinha um casco muito forte, era a sua casa de proteção. Mas nas suas costas ficou a marca da queda, uma porção de remendos. É por isso que as tartarugas possuem desenhos estranhos nas costas, é uma homenagem dos céus a essa tartaruga, um pouco atrevida, mas que tinha um bom coração.

(Romero, "O kágado e a festa no céo", 1885)

[CONTOS SELECIONADOS]

MÃE-D'ÁGUA   Essa é uma história que me chamou muito atenção, por conta das águas. Ao mesmo tempo, vai misturando os elementos da natureza, mostrando a relação da terra com o sol, com as águas, príncipes e princesas encantadas. E eu ainda atribuo os encantos da mãe-d'água a outros seres, como a sereia. Aquela, quem um dia ouve seu canto, vai direto para o fundo do mar, sem nunca mais voltar.

Era uma vez uma princesa, filha da união de uma fada e do rei da Lua. A fada ordenou que a princesa fosse rainha de todas as águas do mundo e governasse todos os rios e mares. Para a princesa, foi dado o nome de Mãe-d'água: ela era muito bonita e logo muitos príncipes se apaixonaram por ela. Mas, dentre todos os pretendentes, foi o filho do Sol o escolhido para se casar com ela. Ele havia travado inúmeros combates para merecer a mão da princesa, a Mãe-d'água. No dia do casamento, não faltou uma grande festa, cheia de danças e banquetes, que durou sete dias e sete noites. A festança aconteceu na casa do rei da Lua, mas, assim que terminou a festividade, os noivos partiram para a casa do Sol. Quando chegaram, a princesa Mãe-d'água disse ao seu marido que desejava passar com ele todo o ano, exceto três meses, em que ela haveria de passar com sua mãe. O príncipe, todo apaixonado, consentiu: ele realizava todos os desejos dela. E todos os anos, durante três meses, a Mãe-d'água ficava com sua mãe no fundo do mar, num rico palácio de ouro e brilhantes. Depois de muitos anos, a nova rainha deu à luz o seu lindo príncipe. E quando a rainha das águas foi visitar sua mãe, durante os três meses, ela quis levar o seu principezinho, mas o rei do Sol não permitiu. A nova rainha foi obrigada a partir sozinha, mas deixou recomendado ao marido que cuidasse muito bem do seu filho. Chegando ao palácio da fada, a princesa não encontrou a sua mãe, porque ela estava enfeitiçada em flor. A moça, desesperada, começou a correr o mundo, procurando sua mãe. Ela perguntou aos peixes dos rios, às areias do mar, às conchas da praia por sua mãe, e ninguém respondia. Tanto sofreu, tanto se lastimou, que finalmente descobriu o que havia acontecido. O rei das fadas perdoou sua mãe e a desencantou. Mãe e filha, sem perder tempo, correram às pressas para a casa do rei, filho do Sol. Mas muito tempo havia passado, tanto tempo que o rei, vendo que sua esposa não retornava após os três meses, acreditou que ela não voltaria mais e ficou desesperado. Foi quando correu o boato que a rainha, sua esposa, tinha se apaixonado por um príncipe estrangeiro e, por isso, tinha deixado de voltar. O rei, desolado e cheio de raiva e ciúme, casou-se com uma outra princesa e começou a maltratar o seu próprio filho, deixando-o morar na torre do castelo, isolado de todos. Quando a rainha estava chegando, logo avistou a criança na torre, viu que estava gritando, estava abandonada e maltratada. Sem nenhuma restrição, ela foi até lá, pegou o seu filho nos braços e foi com ele para o fundo das águas. Por sua ordem, as águas começaram a subir, até cobrirem todo o castelo, o rei, sua nova esposa e todos os embustes da corte. Depois de muito tempo, quando as águas baixaram, nunca ninguém mais ouviu falar da princesa Mãe-d'água nem de seu filho. Mas dizem que quem a vê, logo fica encantado e cai nas profundezas das águas.

(Romero, "Mãe-d'água", 1885)

[CONTOS SELECIONADOS]

A MADRASTA Essa história tem várias adaptações, incluindo séries televisivas. Ela também permite a inclusão musical, um lamento que dialoga com as passagens da história. É comum encontrarmos sempre a linha máxima dos contos de fadas, sempre um rei e três filhas, remetendo às três chances, tríades, séries, ao caminho do perdão, do bem e do mal. A boa esposa que Deus levou e a madrasta interesseira e má. Assim como na mitologia grega, também vamos encontrar tais referências, encontraremos obstáculos que nos levarão à vitória e ao caminho do bom homem, da boa mulher. O fantástico aqui também é presente e mais uma vez dialoga com os poderes da natureza. A fauna e a flora se destacam como grandes heróis para o desfecho dessa história.

Havia um homem viúvo que tinha duas filhas, e acabou se casando pela segunda vez. Mas a mulher era muito má, não gostava das filhas dele e as tratava como escravas, obrigando-as a fazerem todo o serviço pesado da casa. Ele viajava muito, e as meninas não tinham escolha a não ser ficar à mercê daquela mulher. Quando o pai chegava de viagem, ela as tratava muito bem, até cozinhava para as meninas. Assim, o pai seguia acreditando naquela mulher. Como as meninas não podiam contar a verdade, o pai jamais acreditaria nelas, caso tentassem revelar o que acontecia, visto todo o bem dado a elas na frente dele. E logo partia para uma nova viagem.

Perto da casa havia uma figueira que estava dando muitos figos, lindos! Mas os pássaros rodeavam a figueira para provarem dos seus frutos. A madrasta, interessada nos frutos para vender, mandava as enteadas espantarem os pássaros durante todo o dia. E, assim, passavam as crianças o dia inteiro, espantando e cantando:

Xô, xô, passarinho,
Aí não toques teu biquinho,
Vai-te embora pra teu ninho...

Quando acontecia de aparecer qualquer figo bicado, a madrasta as castigava severamente. E assim sempre maltratadas eram as meninas. Certa feita, o pai das crianças travou uma jornada, uma viagem muito longa, diferente das outras. Quando a mulher soube que ele não voltaria durante muito tempo, mandou enterrar as meninas vivas. E, depois de muito tempo, quando o homem voltou, a mulher disse-lhe que as suas filhas haviam ficado muito doentes, tinham lhe dado um imenso trabalho, tomado muitos remédios e benzimentos, mas não resistiram e morreram. O pai ficou muito desgostoso da vida. Mas aconteceu que, na cova das meninas, dos cabelos das duas, nasceu um capinzal, muito verde e bonito, e quando batia o vento o capinzal, dizia:

Xô, xô, passarinho,
Aí não toques teu biquinho,
Vai-te embora pra teu ninho...

Certa manhã, o capineiro da casa, incumbido de levar capim para os cavalos, deparou-se com o capinzal verde e muito bonito, mas teve muito medo de cortar, porque ouvia aquela música, que parecia um lamento. Apavorado, foi contar ao seu senhor. "Senhor, senhor...", mas o pai das meninas não quis acreditar, e mandou cortar aquele capim mesmo assim, porque estava muito grande e verde. O capineiro foi cortar o capim, e quando meteu a foice ouviu aquela voz sair debaixo da terra cantando:

> Capineiro de meu pai
> Não me cortes os cabelos
> Minha mãe me penteava
> Minha madrasta me enterrou
> Pelo figo da figueira
> Que o passarinho bicou

O capineiro, ouvindo o lamento, correu para a casa assombrado e foi contar para o senhor, que, ainda assim, não quis acreditar, até que o capineiro insistiu tanto que ele mesmo foi ao local. Quando chegou, ordenou que o capineiro metesse a foice... Foi quando ele começou a ouvir a cantiga, vinda das profundezas da terra. Então mandou urgentemente cavar aquele lugar e encontrou as duas filhas ainda vivas por milagre da guardiã da natureza, a grande deusa. Quando chegaram em casa, a madrasta havia desaparecido no ar.

(Romero, "A madrasta", 1885)

Conclusão

Narrar histórias é tempo-presente, o instante mágico composto pelo narrador, pela história e pelo público. Seja lá qual for a idade do contador ou do espectador, o importante é a história escolhida. Seja de alguém que a espalhou pelo mundo, seja de outro alguém que tenha escrito palavras no papel, o que vale é a narrativa, a leitura que acontece feito performance na boca, no corpo do contador. A voz do contador vai modulando conforme a intensidade de cada palavra – e como é importante senti-las, imaginar a sensação que guarda cada uma delas. Quais são as memórias das vivências, em que lugares estão guardadas as cenas para a minha criação? Eu imagino a partir do meu repertório de experiências e, como se tivesse uma mala invisível ou um grande baú de vivências, quando eu preciso de uma referência, eu vou lá, procuro e saio criando. Dessa maneira, todos poderão compartilhar nossas criações, porque, independentemente da idade, da condição social ou das experiências vividas, as histórias são sugeridas, e não determinadas, portanto a democracia está feita e todos poderão participar dessa roda de histórias.

Na contemporaneidade, não enxergamos mais o tempo: ouvir custa muito, mas, quando o público concorda em parar para ouvir, a leitura se realiza naquele instante, em que os minutos se transformam em dias, em grandes viagens, em decisões. Contar histórias com recursos, mínimos recursos, para que a história possa aparecer, promovendo a curiosidade, ampliando o repertório literário e artístico de cada leitor-espectador, permite a cada audiência compor a sua cena, a sua leitura a partir de sua bagagem cultural, que é única, independentemente de qualquer contexto: étnico, social, cultural, etc. Apenas estão todos ali, reunidos, para compor a sua história, a partir da história lida por meio da performance da narradora.

O vento é o ar em movimento
Muito movimento
Balança as folhas das árvores,
Os fios e as pipas no céu
Quando o vento fica forte,
Também balança forte o mar
E as roupas no varal.
Às vezes fico com medo.
O vento amigo refresca nossa face,
Levanta meu vestido, e eu quase
Posso voar.
Um dia meus livros foram levados
Pelo vento forte.
O vento é a dança das nuvens,
É a alegria do ar.
É sentindo o vento que eu
Gosto de andar!

(Gomes, 2011)

Bibliografia

A HISTÓRIA e os personagens da microssérie Hoje É Dia de Maria. **Época Online**, [s. l.], [2005?]. Disponível em: https://revistaepoca.globo.com/Revista/Epoca/0,,EDR68276-5856,00.html. Acesso em: 12 set. 2023.

ALCOFORADO, D. F. X. **Bahia**: contos populares brasileiros. Rio de Janeiro: Fundaj/Massangana, 2001.

ALVES, R. Escutatória. *In*: ALVES, R. **O amor que acende a lua**. Campinas: Papirus, 1999.

ARGAN, G. C. **Arte moderna**: do Iluminismo aos movimentos contemporâneos. São Paulo: Companhia das Letras, 1992.

ASSIS, Machado de. Um apólogo. *In*: ASSIS, Machado de. **Várias histórias**. Rio de Janeiro: Laemmert C. Editores, 1896. Disponível em: https://digital.bbm.usp.br/bitstream/bbm/5307/1/002141_COMPLETO.pdf. Acesso em: 12 jun. 2018.

BELMIRO, C. A. A leitura na Educação de Jovens e Adultos. *In*: EVANGELISTA, Aracy et al. (org.). **A escolarização da leitura literária**: o jogo do livro infantil e juvenil. v. 1. Belo Horizonte: Autêntica, 1999, p. 117-128.

BENJAMIN, W. O narrador: considerações sobre a obra de Nikolai Leskov. *In*: BENJAMIN, W. **Obras escolhidas**: magia e técnica, arte e política. v. 1. São Paulo: Brasiliense, 1994.

BOURRIAUD, N. **Estética relacional**. São Paulo: Martins Fontes, 2009.

BUSATTO, C. **Contar e encantar**: pequenos segredos da narrativa. São Paulo: Vozes, 2003.

CAMPBELL, J. **O poder do mito**. Rio de Janeiro: Logon, 1998.

CASCUDO, C. **Contos tradicionais do Brasil**. São Paulo: Ediouro, 2001.

CHIPP, H. B. **Teorias da arte moderna**. São Paulo: Martins Fontes, 1996.

COMPAGNON, A. **Literatura para quê?** Belo Horizonte: UFMG, 2009.

COSTA, C. T. da. **Arte no Brasil 1950-2000**: movimentos e meios. São Paulo: Alameda, 2004.

ECO, U. **A obra aberta**: forma e indeterminação das poéticas contemporâneas. São Paulo: Perspectiva, 1999.

FREIRE, P. **Pedagogia da indignação**: cartas pedagógicas e outros ensaios. São Paulo: Unesp, 2000.

GOMES, E. **Que história é essa?** Rio de Janeiro: Quártica, 2011.

GOMES DE SÁ, J. **Alice no país das maravilhas em cordel**. São Paulo: Nova Alexandria, 2010.

GUIMARÃES ROSA, J. **Primeiras estórias**. Rio de Janeiro: Livraria José Olympio Editora, 1977.

GUMBRECHT, H. U. **Corpo e forma**. Rio de Janeiro: Eduerj, 1998a.

GUMBRECHT, H. U. **Modernização dos sentidos**. São Paulo: Editora 34, 1998b.

HORTÉLIO, L. **Abra a roda tin dô lê lê**. São Paulo: Brincante Produções Artísticas, 2009.

ISER, W. **O ato da leitura**: uma teoria de efeito estético. São Paulo: Editora 34, 1999.

LANGER, Susanne. **Sentimento e forma**. São Paulo: Perspectiva, 1980.

LEAHY-DIOS, C. **Educação literária como metáfora social**. Rio de Janeiro: Eduff, 2000.

LÉVY, P. **As tecnologias da inteligência**: o futuro do pensamento na era da informática. São Paulo: Editora 34, 1993.

MACHADO, A. **Arte e mídia**. Rio de Janeiro: Jorge Zahar, 2000.

MACHADO, R. **Acordais**: fundamentos teórico-poéticos da arte de contar histórias. São Paulo: DCL, 2004.

MACHADO, R. **A arte da palavra e da escuta**. São Paulo: Reviravolta, 2015.

MATOS, G. A. **A palavra do contador de histórias**: sua dimensão educativa na contemporaneidade. São Paulo: Martins Fontes, 2005.

MEREGE, A. L. **Os contos de fadas**: origens, história e permanência no mundo moderno. São Paulo: Claridade, 2010.

MERLEAU-PONTY. M. **Fenomenologia da percepção**. São Paulo: Martins Fontes, 1999.

ONG, W. **Oralidade e cultura escrita**: a tecnologização da palavra. Campinas: Papirus, 1998.

PAZ, O. **Os filhos do barro**: do romantismo à vanguarda. Rio de Janeiro: Nova Fronteira, 1984.

PERFORMANCE. *In*: CUNHA, A. G. da. **Dicionário etimológico da língua portuguesa**. Rio de Janeiro: Lexikon Editorial, 2010.

PERFORMANCE. *In*: HOLANDA, Aurélio Buarque de. **Mini Aurélio**: o dicionário da língua portuguesa. 8. ed. São Paulo: Positivo, 2010.

PESSOA, F. **Obra poética**. 3. ed. Rio de Janeiro: Nova Aguilar, 1969.

PETIT, M. **A arte de ler**: ou como resistir à adversidade. São Paulo: Editora 34, 2008.

PROUST, M. **Em busca do tempo perdido**. v. 3. Tradução de Fernando Py. Rio de Janeiro: Ediouro, 2002.

QUITES, A. P. **A presença do texto literário na arte da performance**. Santa Catarina: UFSC, 2006.

RANCIÈRE, J. **O mestre ignorante**. Minas Gerais: Autêntica, 2010.

RANGEL, A. **As parábolas e contos de Nasrudin**. Rio de Janeiro: Leitura, 2004.

ROMERO, S. **Contos populares do Brasil**. Lisboa: Nova Livraria Internacional Editora, 1885.

TOLKIEN, J. R. R. **Sobre histórias de fadas**. São Paulo: Conrad, 2006.

VICH, V. & ZAVALA, V. **Oralidad y poder**: herramientas metodológicas. Bogotá: Grupo Editorial Norma, 2004.

ZÉ, Tom. [Entrevista cedida a] Jô Soares. **Programa do Jô**, Rio de Janeiro: Rede Globo, 30 out. 2014.

ZUMTHOR, P. **A letra e a voz**: a literatura medieval. São Paulo: Companhia das Letras, 1993.

ZUMTHOR, P. **Performance, recepção e leitura**. São Paulo: Cosac Naify, 2014.

ZUMTHOR, P. **Escritura e nomadismo**. São Paulo: Ateliê Editorial, 2010.